LASS MAL

machen

EMIR BAYRAK

LASS MAL
machen

**IDEEN UND
CHALLENGES FÜR
JEDE SITUATION**

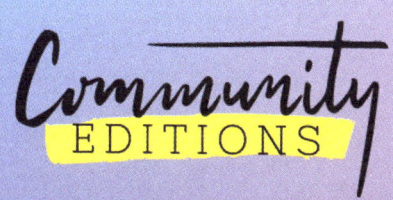

TIKTOK

TIKTOK.COM/@EMIIRBAYRAK

INSTAGRAM

INSTAGRAM.COM/EMIRBYR

YOUTUBE

YOUTUBE.COM/EMIIRBAYRAK

HEY!

Ich bin's EMIR und ja, ich kann's kaum glauben, dass du MEIN Buch in der Hand hältst. Also danke erstmal, dass du dich dafür entschieden hast. Gute Entscheidung! Dieses Buch ist perfekt für dich, um Spaß zu haben und falls du mal Langeweile haben solltest, kannst du diese perfekt vertreiben.

Aber das Besondere ist, du kannst dieses Buch vor allem mit deiner besten Freundin oder deinem besten Freund benutzen. Melisa- und Ayse-POWER, HAHAHA. Mein Buch enthält nämlich richtig lustige Challenges, die du mit deiner Melisa oder Ayse machen kannst. Aber natürlich auch mit deiner Family oder Nachbarn – eigentlich mit jedem. Zusammengefasst: Das Buch ist geil, HAHAHA.

Hab dich lieb.

INHALTS-VERZEICHNIS

IDEEN UND CHALLENGES FÜR 5 MINUTEN

FLI, FLA, FLU

ICH WURDE AUF TIKTOK SCHON GEHATED, WEIL ES ANSCHEINEND SCHNICK, SCHNACK, SCHNUCK HEISST. 🤡 ICH NENN ES FLI, FLA, FLU, LASST MICH! 😂

Schnapp dir eine Freundin oder einen Freund. Du kennst das Spiel vermutlich schon, aber hier noch einmal zur Erinnerung: Es gibt die Symbole Schere (Zeige- und Ringfinger spreizen), Stein (Faust) und Papier (flache Hand), die ihr nach dem Ruf „Fli, Fla, Flu" gleichzeitig mit euren Händen darstellen müsst.

Wer gewinnt? Ganz einfach:

Schere schneidet Papier.

Papier wickelt den Stein ein.

Stein zerschlägt Schere.

Spielt so lange ihr Zeit und Lust habt – oder macht ein Best of Five, das sorgt für richtig Spannung. In dem Fall siegt, wer zuerst dreimal hintereinander gewonnen hat.

NAME		
SPIEL 1		
SPIEL 2		
SPIEL 3		
SPIEL 4		
SPIEL 5		

 ab 2 Personen

DIE DREI-MINUTEN-CHALLENGES

Fünf Minuten können ganz schön lang sein. 🤡

Wenn man sich aber etwas vornimmt, das in dieser Zeit unmöglich zu schaffen ist, werden fünf Minuten richtig kurz. Und wenn man sich sogar nur drei Minuten gibt, dann wird es richtig brenzlig.

Hier ein paar Ideen für Dinge, die du eigentlich unmöglich in drei Minuten schaffen kannst:

sämtliche Einkäufe fürs Abendessen erledigen,

eine lustige Geschichte schreiben,

mindestens 20 Hauptstädte notieren,

dein Zimmer aufräumen,

einmal komplett umstylen.

DIE ZEIT LÄUFT … JETZT!

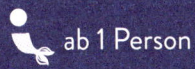 ab 1 Person

FÜNF-MINUTEN-REZEPT:

EIS-SANDWICH

Zur Langeweile kommt auch noch der Hunger dazu?
Dann probier doch mal dieses Fünf-Minuten-Rezept aus.

ZUTATEN:

- Deine Lieblingssorte **Eis**

- Mindestens zwei **Cookies** deiner Wahl

ZUBEREITUNG:

Es geht wirklich ganz einfach!

Schneide dein Eis in kleine Stücke oder Scheiben.

Nimm einen Cookie in die Hand, lege darauf so viel Eis wie du willst.

Lege jetzt den zweiten Cookie oben drauf und zack! – fertig ist das Eis-Sandwich.

Jetzt musst du nur noch reinbeißen!

SORRY, ABER DAS REZEPT IST HALT ICONIC. 🤏

ab 1 Person

Wirf einen Blick in die Zutatenliste!

ca. 5 Euro

FARBENFROH

So, jetzt bist du dran, Jessies und meine Zeichnung auszumalen. Ich hoffe du benutzt die Farbe blau … 😂 Obwohl, mach mal was ganz anderes, nicht wie ich es auf meiner Wand habe, und schick mir das Ergebnis per Insta – schwöre will's sehen, HAHA!

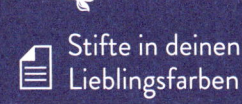 1 Person

Stifte in deinen Lieblingsfarben

FINDE DEN FEHLER

ANFÄNGER-AUSGABE

Auf dem unteren Bild sind 5 Fehler •• versteckt, kannst du sie finden? Die Auflösung findest du auf S. 222.

WENN DU DAS GESCHAFFT HAST, KANNST DU AUF S. 64 DIE SCHWIERIGERE VARIANTE AUSPROBIEREN!

 1 Person

 Stift

TIC-TAC-TOE

ICH HABE DAS IMMER MIT MEINER SCHWESTER AN DER FENSTERSCHEIBE IM AUTO GESPIELT.😂 KLEINER LIFEHACK!😌😂

Zunächst braucht ihr einen Spielplan. Der ist ganz leicht zu zeichnen und sieht so aus:

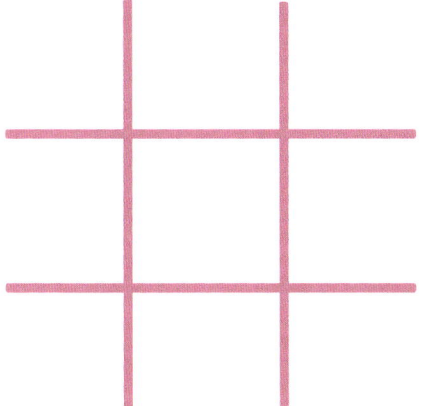

Es gibt die Symbole Kreis und Kreuz – entscheidet euch, wer von euch beiden welches Symbol übernimmt.

Ziel des Spiels ist es, drei seiner Symbole in eine Reihe (waagrecht, senkrecht, diagonal) zu bekommen – der Gegner oder die Gegnerin versucht, das zu verhindern. Ihr seid dabei immer im Wechsel dran.

2 Personen

Stift und Papier

PRANK-TIME🤭

Jetzt wird's lustig Leute, jetzt wird's lustig.😂
Aber ich glaub eher für uns, HAHAHA!

Boah, der beste Prank, den hat meine große Schwester mal bei mir gemacht – das war so schlimm!🥹 Sie hat sich Nudeln in den Mund getan (also keine gekochten, damit sie hart sind) und mich gefragt, ob ich ihren Rücken knacksen kann.🤡 Ich hab es getan, und sie hat auf die Nudel gebissen, und ich schwöre, ich dachte, ich hab ihr den Rücken gebrochen.😂

STUFE 1: ERSCHRECKEN!

Ganz einfach: Verstecke dich – und jage einem anderen einen üblen Schreck ein.

Mein Geheimtipp: Im Dunkeln aus dem Haus gehen und von außen an die Fensterscheibe klopfen.

STUFE 2: PRANKS!

Erschrecken allein reicht dir nicht? Denke dir witzige Pranks aus, um deine Familie oder Freundinnen und Freunde auf die Palme zu bringen. Salz und Zucker vertauschen? Schuhe verstecken? Profis essen aus einer Windel Schokopudding.

ABER ACHTUNG, KEINE PRANKS BEI DENEN IHR ANDERE VERLETZT... ÄHM AUSSER ES SIND EURE GESCHWISTER. SPASS, CHILLT.
🤡🥹

ab 1 Person

Das ist abhängig vom Prank, für den du dich entscheidest.

Schreib hier deine eigenen Ideen für Pranks auf!

ZAHLEN VERBINDEN

Kennst du noch die Bilder, bei denen man mit einem Stift
Zahlen verbinden muss und es entsteht auf diese Weise
etwas, das so vorher nicht sichtbar war?••
Schau mal, welche Überraschung ich hier
für dich vorbereitet habe:

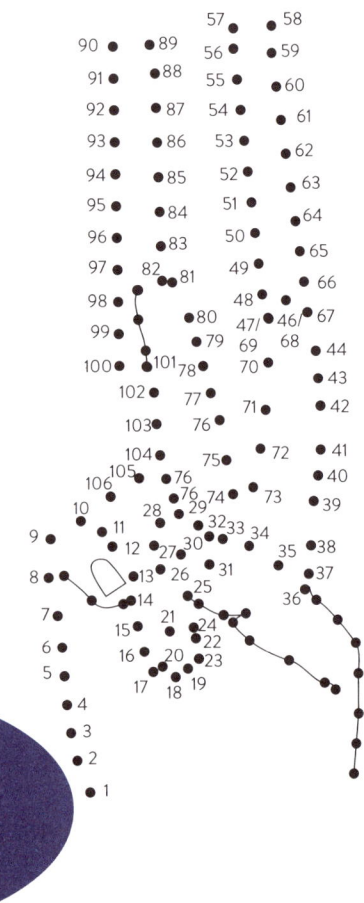

1 Person

Stift

FLACHWITZE

Viele finden Flachwitze cringe. Ich bin ehrlich, das sind die besten Witze, ich lach mich immer tot. 😂🤡 Vielleicht bin ich aber auch einfach komisch, lasst mich.

WAS IST GRÜN UND STEHT VOR DER TÜR?

Ein Klopfsalat

WIE NENNT MAN EINEN COOKIE, DER UNTER EINEM BAUM LIEGT?

Ein schattiges Plätzchen

WAS IST, WENN DER SCHORNSTEINFEGER IN DEN SCHNEE FÄLLT?

Winter

WAS LIEGT AM STRAND UND IST SCHLECHT ZU VERSTEHEN?

Eine Nuschel

WAS IST GELB UND SCHIEßT?

Eine Banone

ab 2 Personen

STORY TIME

WIE MEINE ELTERN SICH KENNENGELERNT HABEN

Ich habe mich schon immer gefragt, wie es dazu gekommen ist, dass meine Eltern sich lieben?😂🤡 Also habe ich mich an die Arbeit gemacht und sie gefragt wie sie sich kennengelernt haben, denn ohne sie gäbe es mich nicht und auch nicht dieses Buch.😂

Also meine Eltern waren auf der gleichen Schule (in der Türkei) – yes, meine Mutter war eine Zeit lang in der Türkei in der Schule, da sie für eine Weile dort gelebt hat. Meine Mutter ist aber in Deutschland geboren wohingegen mein Vater in der Türkei geboren ist. Erst nachdem sie wussten, dass sie heiraten wollen, ist er nach Deutschland gezogen.

Ja, auf jeden Fall war das eigentlich schon die Geschichte – irgendwie langweilig aber, irgendwie auch CUTE.😂🤡

WAHR ODER FALSCH

So LEUTE, jetzt bin ich gespannt wer von euch schlau ist, HAHA! Wenn ihr alles falsch haben solltet, keine Angst – SAME. 😍 🤡

WAHR ODER FALSCH?
Die Lunge ist unser größtes Organ.

☐ wahr   ☐ falsch

WAHR ODER FALSCH?
Der US-amerikanische Präsident heißt Donald Trump.

☐ wahr   ☐ falsch

WAHR ODER FALSCH?
Eine Banane ist eine Beere.

☐ wahr   ☐ falsch

WAHR ODER FALSCH?
Ein erwachsener Mensch hat 36 Zähne.

☐ wahr   ☐ falsch

WAHR ODER FALSCH?
Indien ist das größte Land der Erde.

☐ wahr   ☐ falsch

 ab 1 Person

Stift

WAHR ODER FALSCH –
Emir Edition

Wenn du aber hier was falsch machst, Schwester ..., Bruder ...,
dann bin ich enttäuscht. 😅 Also gib dir Mühe ...

WAHR ODER FALSCH?
Ich finde *Mako – Einfach Meerjungfrau* besser als
H_2O – Plötzlich Meerjungfrau.

☐ wahr ☒ falsch

WAHR ODER FALSCH?
Ich habe einen Halbbruder.

☐ wahr ☐ falsch

WAHR ODER FALSCH?
Ich habe Abitur gemacht.

☐ wahr ☐ falsch

WAHR ODER FALSCH?
Ich war mal beim *The Voice Kids*-Casting.

☐ wahr ☐ falsch

WAHR ODER FALSCH?
Mein aller erster Crush hieß Vanessa.

☐ wahr ☐ falsch

Die Auflösungen findet du auf S. 222.

PEINLICH! ODER EKLIG?

Für diese Idee brauchen deine Freundinnen und Freunde und du wirklich gar nichts, außer gute – und vielleicht ein bisschen fiese – Ideen. Setzt, legt, stellt euch nebeneinander; ihr könnt das Spiel auch spielen, wenn ihr euch nicht seht, indem ihr euch Nachrichten hin und her schickt.

So, und jetzt werden diese Fragen ehrlich beantwortet. 😂 Bin gespannt, wer es durchzieht, HAHA!

Wer ist dein Crush?

Hast du schon mal in der Klassenarbeit geschummelt?

Hast du deine Mama schon mal angelogen?

Hast du im Schwimmbad schon mal ins Becken gepinkelt?

Isst du manchmal deine Popel?

Die Person bzw. deine BFF beantwortet die Fragen nicht? Hier sind ein paar Strafaufgaben, also viel Spaß damit. 😛😂

Beiß in eine Zwiebel!

Trink einen Schluck Gurkenwasser!

Iss einen Löffel Senf!

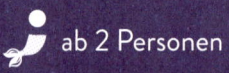
ab 2 Personen

KOMPLIMENTE, KOMPLIMENTE

Mache aus einem öden Tag einen besonderen Tag, indem du einem Menschen ein Kompliment machst. Wenn du dich noch nicht so recht traust, darfst du dich an eine Freundin oder einen Freund wenden – richtige Profis machen auch vollkommen Fremden Komplimente. 💅

Wichtig dabei: Lach nicht, zieh keine Grimasse, wenn du dein Kompliment machst. Wenn du Pech hast, denkt der andere nämlich sonst, du willst dich über ihn lustig machen. Und genau das ist ja nicht der Sinn der Sache.

Du bist nicht so spontan? Trage hier schon mal drei nette Dinge ein, die jeder garantiert gerne hört:

_____

_____

_____

MACHEN WIR LEUTEN EINE FREUDE, LIEBEN WIR! 😍

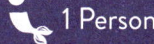 1 Person

FÜNF-MINUTEN-REZEPT:

MIKROWELLEN-MUFFINS

Es muss mal wieder schnell gehen?
Dann ist auch dieses Fünf-Minuten-Rezept
vielleicht etwas für dich. 💅

ZUTATEN:

- ca. 50 g **Butter**
- 4 EL **Mehl**
- 4 EL **Zucker**
- 2 EL **Kakaopulver** oder kleingehackte Stückchen deiner Lieblingschoki
- 3 EL (warme!) **Milch**

ZUBEREITUNG:

Als Erstes musst du die Butter schmelzen und dann mit dem Kakaopulver vermischen. Füge danach die warme Milch hinzu. Rühre schließlich Mehl und Zucker so gut unter, dass ein richtiger Teig entsteht. 👍

Wenn du welche zu Hause hast, kannst du den Teig dann in Muffinförmchen füllen, ansonsten geht auch eine Tasse – so oder so, fülle nur bis zur Hälfte, sonst hast du eine Über-schwemmungsparty! 🤡

Dann ab damit in die Mikrowelle, eine Minute sollte reichen ...

UNDDD FERTIGG! 😍 Geil, oder ... und sorry, das Rezept schafft jeder – wenn sogar ich es geschafft habe! 😂

ab 1 Person

Wirf einen Blick in die Zutatenliste!

ca. 3–5 Euro

TIPP:
MISCHE NOCH BANANEN IN DEN TEIG, SCHMECKT RICHTIG GEIL!🤓
SIEHT NICHT GANZ SO LECKER AUS, ROCH ABER GUT!😂

WERDE KREATIV

Mein Zahlenbild hat dich auf den Geschmack gebracht und du hast Lust bekommen, noch mehr zu malen – und zwar selbst?

Fünf Minuten sind die perfekte Zeitspanne, um sich ein kleines bisschen künstlerisch zu betätigen.

Du suchst noch Motive? Wie wäre es damit:

Versuche dich an Film- und Comicfiguren, die du toll findest.

Google ein Bild deines Lieblingsstars und versuche, es abzuzeichnen.

Dasselbe gilt für deinen Crush.

Schnapp dir ein Stück Obst, zum Beispiel einen Apfel, – und male ihn.

Mit realistischer Darstellung hast du es nicht ganz so? Dann werde abstrakt. Verziere den Rand dieser Seite mit wilden Mustern und verschlungenen Ornamenten.

1 Person

Stift und Papier

WER BIN ICH?

Also Leute, wer dieses Spiel noch nicht kennt, hat halt echt was verpasst, das ist richtig geill! Auf einen Haftnotizzettel schreibt ihr den Namen eines Stars oder so ... Diesen Zettel klebt ihr dann einer anderen Person, die mitspielt, an die Stirn. Die Person muss dann raten, wer sie ist, also welcher Name auf dem Zettel an ihrer Stirn steht, indem sie Fragen stellt, die nur mit "Ja" oder "Nein" beantwortet werden dürfen. 🤓

Lebe ich noch?

Bin ich ein Mann?

Kennt ihr mich persönlich?

Bin ich ein Mensch?

Bin ich eine reale Person?

WENN IHR WOLLT, KÖNNT IHR AUCH JEDEM MITSPIEL-ENDEN EINEN ZETTEL AUF DIE STIRN KLEBEN. SOBALD EIN SPIELER ODER EINE SPIELERIN EINE FRAGE GESTELLT HAT, DIE MIT „NEIN" BEANTWORTET WIRD, GEHT ES IM UHRZEIGERSINN WEITER. DER ODER DIE NÄCHSTE DARF NUN FRA-GEN STELLEN UND DIE VORHERIGE PERSON MUSS SICH MERKEN, WELCHE INFORMATIONEN SIE SCHON GESAMMELT HAT, BIS SIE WIEDER DRAN IST.

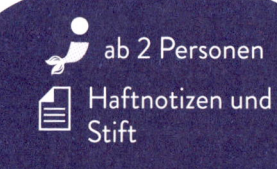

ab 2 Personen

Haftnotizen und Stift

WER HAT'S GEMALT?

Hier seht ihr einige Meisterwerke von meinen Schwestern und mir. 😊 Könnt ihr erraten, wer was gemalt hat?

1) ☐ Elif ☐ Emir ☐ Nisa

2) ☐ Elif ☐ Emir ☐ Nisa

3) ☐ Elif ☐ Emir ☐ Nisa

6) ☐ Elif ☐ Emir ☐ Nisa

4) ☐ Elif ☐ Emir ☐ Nisa

5) ☐ Elif ☐ Emir ☐ Nisa

Die Lösungen findest du auf S. 222.

ab 1 Person

Stift

WIE VIEL FÄLLT DIR EIN?

Leute, jetzt geht es um Zeitdruck, das finde ich ja immer ganz schlimm, HAHA.🤡

Schnapp dir einen Stift und nimm dir jeweils genau eine Minute Zeit, um alles aufzuschreiben, was dir zum Oberbegriff einfällt. Dir fällt bestimmt viel mehr ein, als du am Anfang denkst.••

Du kannst natürlich auch gleichzeitig mit deinen Freundinnen oder Freunden starten und hinterher genau vergleichen, wem mehr oder witzigere Antworten eingefallen sind.

ab 1 Person

Stift und Stoppuhr

HAUPTSTÄDTE

FARBEN

BEWOHNER DES MEERES

TIERE

LEBENSMITTEL

DIE GANZE WELT

Fünf Minuten reichen zwar nicht für die ganze Welt,
aber male hier alle Länder aus, in denen du schon
warst oder in die du noch reisen möchtest!

👤 1 Person

📄 Stift

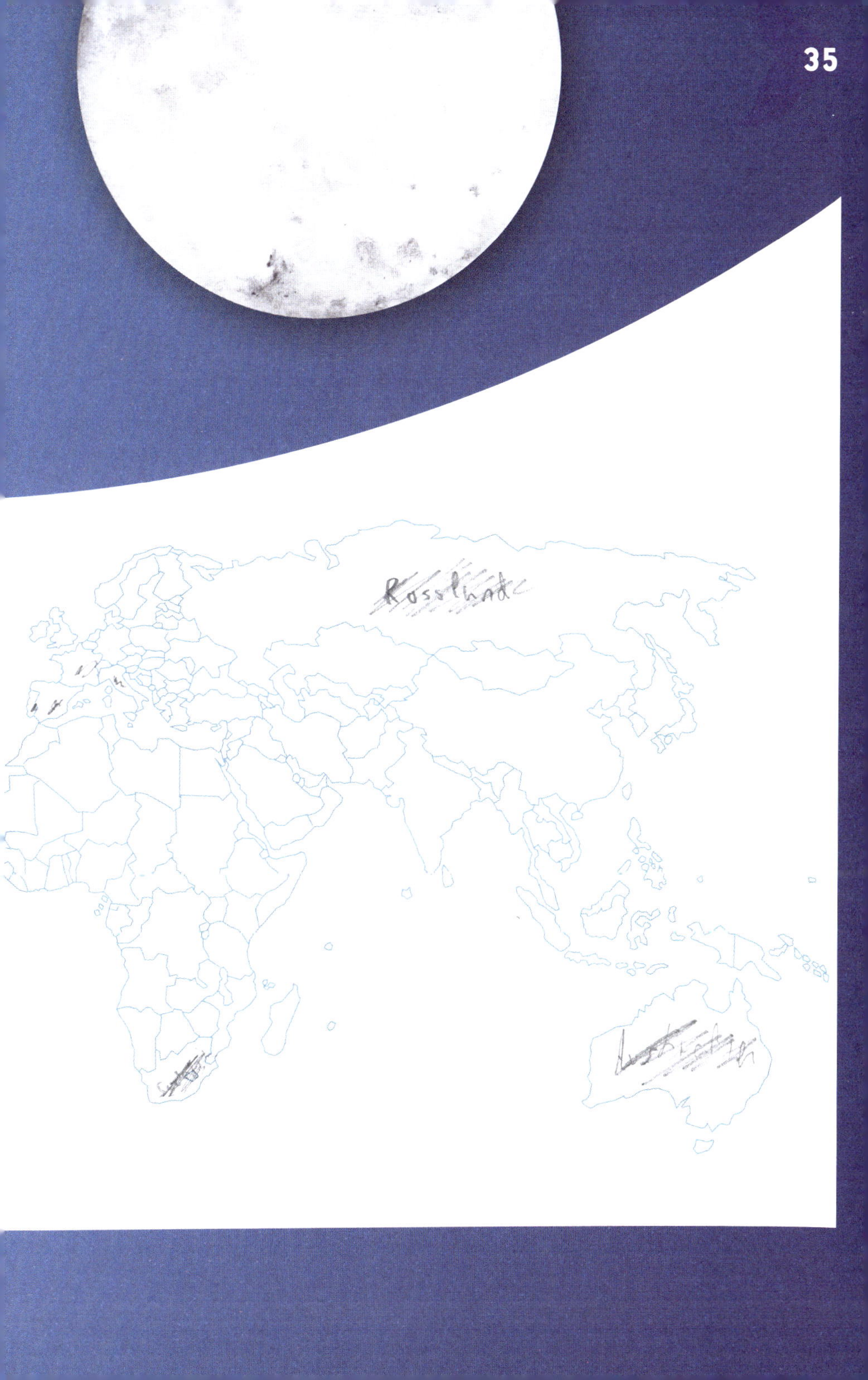

Russland

Australien

Südafrika

PROBLEMIR HAT FÜR JEDES GROSSE UND KLEINE ALLTAGS-PROBLEMCHEN DIE RICHTIGEN TIPPS UND TRICKS! 🤓

Einfach, aber wirklich nützlich: Hab immer eine (geladene) **Powerbank** und Ladekabel dabei, wenn du unterwegs bist. Das erspart viele nervige und stressige Situationen. 🙌

Du hast Probleme, morgens rechtzeitig aufzustehen? Stell deinen **Wecker** ans andere Ende des Raumes. So bist du wenigstens schon mal aus dem Bett gekrochen und dann kannst du auch direkt Zähneputzen. :) Sorry, aber bester Lifehack, schwöre. 😂

Einfach mal wieder melden: Du hast lange nichts mehr von einer bestimmten Person gehört? Spring über deinen Schatten und **schreib ihr** einfach mal wieder, ihr freut euch bestimmt beide.

EMIR

Rohe Spaghetti kann man perfekt als extra langes **Streichholz** nutzen.

Um dein Handy z. B. beim Backen oder Kochen zu schützen, kannst du es in **Frischhaltefolie** wickeln. So kannst du trotzdem noch alles lesen und den Touchscreen nutzen, aber das Handy ist safe.

Super ärgerlich: Die Lasche am **Reißverschluss** ist kaputt und du kannst die Jacke oder Hose nicht mehr richtig auf und zu machen. Ich schwöre, das passiert mir so oft. 🥲 Wenn du eine ganz normale Büroklammer durch die Öse des Zippers fädelst, kannst du den Reißverschluss wieder problemlos verwenden.

Wenn du immer zu spät aufstehst 😂 – wie ich 🤡 – stell die Uhrzeit auf dem Handy **5 Minuten** vor. So hast du immer extra Zeit – Yes, danke, ich weiß, ich bin ein GENIE!

IDEEN UND CHALLENGES FÜR 15 MINUTEN

ENTWEDER ODER

Mit diesem Spiel lernst du dich selbst – und deine Freundinnen und Freunde – noch ein bisschen besser kennen.

Du kannst es allein oder zusammen mit anderen übers Handy spielen.

Hier eine kleine Liste für den Einstieg. Entscheide dich immer für das eine oder das andere – kreuze an oder umkreise, was dir besser gefällt. Die anderen machen dasselbe. Wenn ihr damit durch seid, kommen euch bestimmt noch ganz viele Entweder-oder-Ideen ganz von alleine!

ENTWEDER	ODER
Eis	Kuchen
Buch	Film
Strandurlaub	Städtetrip
Fußball	Basketball

ab 1 Person

Stift

Semmel — Brötchen

Wasser mit Kohlensäure   Wasser ohne Kohlensäure

Frühaufsteher   Langschläfer

Ostern   Weihnachten

Schokolade —   Gummibärchen

Selbst kochen   Essen bestellen

Pizza   Nudeln

Tanzen   Singen

Meer   Pool

Instagram   TikTok

Geschwister   Freunde

Saft mit Fruchtfleisch   Saft ohne Fruchtfleisch

BLIND MALEN

Du hast es vielleicht schon bei den Fünf-Minuten-Ideen gemerkt:
Malen macht mega Spaß! Noch mehr Spaß macht es aber,
wenn du blind malst.

Das kannst du entweder alleine –
und lachst dich dann selbst über deine Kreationen kaputt –
oder mit Freundinnen und Freunden.

Beim Spiel zu zweit denkt sich einfach jeder selbst aus, was er oder
sie malt – die andere Person muss erraten, was das Ganze
darstellen soll.

Wenn ihr mehrere Personen seid, könnt ihr euch auch in zwei
Gruppen aufteilen. Die gegnerische Gruppe flüstert dann dem
oder der Zeichnenden einen Begriff ins Ohr – der Rest der Gruppe
muss erraten, was gemalt wurde (oder besser gesagt: was er oder
sie versucht hat zu malen).

Hier ein paar Begriffe, um euch den Einstieg zu erleichtern:

BRILLE

Schnecke

SCHLANGE

Schuhe

BLUME

Katze

Haus

Banane

Rutsche

Meerjungfrau

Apfel

BAUM

ab 1 Person

Stift, Papier und etwas,
um die Augen zu
verbinden

NEVER HAVE I EVER

Vielleicht kennst du dieses Spiel unter seinem deutschen Namen „Ich habe noch nie …". Dabei geht es darum, Sachen aufzulisten, die man noch nie getan hat …, wenn aber einer der anderen Mitspielenden so etwas schon mal gemacht hat, muss er oder sie sich melden. 🤡

Das kann ganz schön witzig – und auch peinlich sein.

Hier ein paar Beispiele und Platz für deine eigenen Ideen …

ICH HABE NOCH NIE EINEN FREUND ODER EINE FREUNDIN AN-GELOGEN.

ICH BIN NOCH NIE SCHWARZ-GEFAHREN.

ICH HABE NOCH NIE JE-MANDEN IN DER ÖFFENTLICHKEIT GEKÜSST.

ICH HABE NOCH NIE GESTOHLEN.

 ab 2 Person

ICH HABE MIR NOCH NIE ETWAS GEBROCHEN.

ICH HABE NOCH NIE AUS VERSEHEN MEIN ESSEN VERBRANNT.

ICH HABE NOCH NIE DIE ZAHNBÜRSTE VON JEMAND ANDEREM BENUTZT.

ICH HABE IN DER SCHULE NOCH NIE ABGESCHRIEBEN.

ICH HABE NOCH NIE MEIN SPIEGELBILD GEKÜSST.

ICH HABE MICH NOCH NIE VERLIEBT.

FÜNFZEHN-MINUTEN-REZEPT:

PIZZA AUS JOGHURT

Hört sich verrückt an? Ist aber ganz einfach und wirklich lecker!

ZUTATEN:

FÜR DEN TEIG:
- 4–5 EL **Naturjoghurt**, 3,5 % Fett
- 3–4 EL **Mehl**

FÜR DAS TOPPING:
- **Tomatensoße**
- **Streukäse**
- Alles, worauf du Lust hast und was du gerne auf Pizza isst.:)

ZUBEREITUNG:

Mische aus dem Joghurt und dem Mehl einen gut knetbaren Teig. Wenn er noch etwas zu flüssig ist, füge ruhig etwas mehr Mehl hinzu.

Rolle den Teig wie bei einer ganz normalen Pizza aus und belege ihn so, wie du Lust hast!

Dann ab damit für ca. 2 Minuten in die Mikrowelle ... und feeeertig!

VORSICHT HEISS!

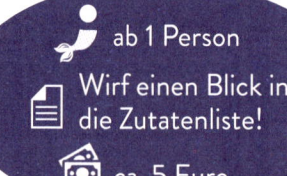

- ab 1 Person
- Wirf einen Blick in die Zutatenliste!
- ca. 5 Euro

OBEN OHNE

Klar, es ist schwierig, diese Meerjungfrau NOCH schöner zu machen,  aber wie würdest du denn mit Flosse aussehen? Zeichne dich selbst als Meerjungfrau – damit es einfacher wird, habe ich dir meinen Schwanz „geliehen"!

👤 1 Person

📄 Stift

WUNSCHLISTE

Wünschen kann man sich ja bekanntlich alles 🤡, deshalb leg los: Was steht ganz oben auf deiner nächsten Geburtstagswunschliste?

MEINE WÜNSCHE:

_____   _____

_____   _____

_____   _____

_____   _____

Diese Geburtstagskarte hat Elif für unsere Mama gebastelt, dort steht:

„Wir lieben dich" in der Sprechblase. 🥺 Und darüber: „Liebe Mama, ich hab dich sehr lieb. Ich wünsche dir alles Gute, hoffentlich wirst du im Leben immer glücklich sein und hoffentlich geht alles, was du willst, in Erfüllung! Bleib gesund"

1 Person

Stift

MERMAID-TOAST

Perfekt für den kleinen Snack
zwischendurch und sooooo lecker!

ZUTATEN FÜR
10 WAFFELN:

- 4 Scheiben **Sandwich-Toast**

- 170 g Doppelrahm-
  Frischkäse

- 2 EL **Honig**

- ca. 1 Messerspitze blaue
  Lebensmittelfarbe

- **Zuckerstreusel**
  o. Ä. als Deko

ZUBEREITUNG:

Toaste die Brote und verrühre
den Frischkäse mit dem Honig.
Füge dann so viel Lebens-
mittelfarbe hinzu, bis dir der
Blauton gefällt.

Bestreiche die Toasts mit dem
Aufstrich und gib etwas von der
restlichen Lebensmittelfarbe
auf einen Zahnstocher oder ein
spitzes Messer. Damit kannst
du jetzt noch Wellen auf deinen
Toast malen.

Dekoriere den Toast mit allem
(Essbaren), was dir gefällt, z. B.
Zuckerperlen oder essbarem
Glitzer.😍

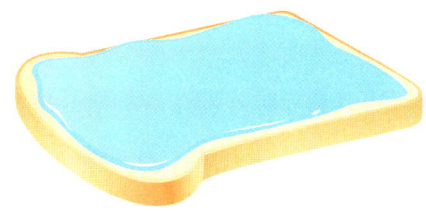

ab 1 Person

Wirf einen Blick in
die Zutatenliste!

ca. 5 Euro

KREUZ UND QUER

LUST EIN BISSCHEN ZU KNOBELN?

Dann probiere dich an diesem Kreuzworträtsel mit Original-Emir-Begriffen. Kommst du darauf, welche Wörter sich hier verstecken?

1. Welche Stadt ist die Hauptstadt von Bayern?

2. Wie heißt Emirs kleine Schwester?

3. Wie heißt Emir mit Nachnamen?

4. Welche ist Emirs Lieblingsfarbe?

5. Für welche chemische Verbindung steht H_2O?

6. In welchem Land haben sich Emirs Eltern kennengelernt?

7. Wie lautet Emirs zweiter Vorname?

8. Wie heißt Cleo aus *H_2O – Plötzlich Meerjungfrau* mit Nachnamen?

9. Wie heißt das kalte Getränk in dem Tapiokaperlen schwimmen?

10. Wie heißt Ayses beste Freundin?

11. Wie heißt das große Musikfestival, das jedes Jahr in Kalifornien stattfindet?

12. Wie nennt man den muslimische Fastenmonat?

13. Auf welcher Social-Media-Plattform hat Emir zuerst 5 Million Follower gehabt?

14. Welche Haarfarbe hat Emir?

15. Mit welcher Influencerin hat Emir 2021 in einer WG gewohnt?

16. Wovor hat Emir am meisten Angst?

 1 Person

 Stift

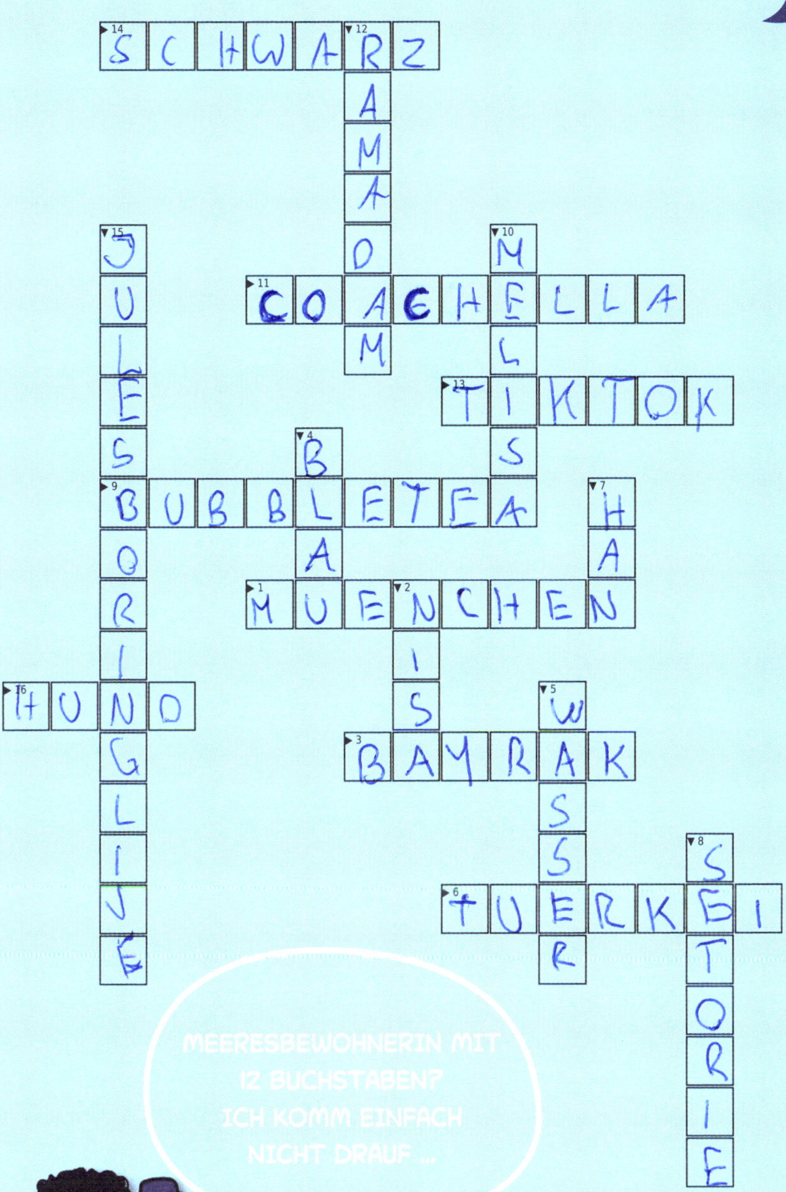

SCHWARZ

AMADAM

COACHELLA

MELLIS

TIKTOK

JULESBORING LIJE

BUBBLETEA

B

HA

MUENCHEN

ISS

HUND

BAYRAK

WASSER

TUERKEI

STORIE

MEERESBEWOHNERIN MIT
12 BUCHSTABEN?
ICH KOMM EINFACH
NICHT DRAUF ...

POST FÜR DICH

Digitale Nachrichten kriegst du bestimmt am laufenden Band. Doch wann hast du zuletzt einen richtigen Brief oder eine echte Postkarte aus dem Briefkasten gezogen? Schreibe heute eine Postkarte an einen Menschen, dem du eine Freude machen möchtest. 😍

Du hast keine Postkarte zur Hand? Das ist egal. Aus einem Stück Karton kannst du die ganz leicht selbst basteln. Einfach ausschneiden, auf die eine Seite ein tolles Bild malen oder einen witzigen Spruch schreiben – auf die andere Seite kommen die Adresse und deine Nachricht.

WICHTIG NUR: Überschreite diese Maße hier nicht:
Länge 14 bis 23,5 Zentimeter und
Breite 9 bis 12,5 Zentimeter.
Sonst wird das Porto nämlich teurer.

1 Person

Stift, eventuell ein
Stück Karton

das Porto für
die Karte

HIER
KANNST DU
SCHON MAL
ÜBERLEGEN, WAS
DU SCHREIBEN
MÖCHTEST.

DAS WOLLTE ICH DIR SCHON IMMER SAGEN ...

Was findest du an deinen Freundinnen und Freunden, deinen Geschwistern oder deinen Eltern toll?

Und wann hast du ihnen das zuletzt gesagt?

Manchmal ist es ja schwer, einem anderen so etwas direkt ins Gesicht zu sagen. Versuche es für den Anfang mit einer Nachricht – egal ob Text-, Video- oder Sprachnachricht. Wenn du etwas Übung hast, klappt es auch, wenn ihr euch gegenübersteht.

Wichtig: Bei „Das wollte ich dir schon immer sagen ..." geht es nicht nur um Komplimente, sondern auch um Dinge, die du dich lange nicht auszusprechen getraut hast, und jetzt fühlt es sich irgendwie komisch oder zu spät an.

SAG DANKE.

Erzähl etwas, was dir schon lange auf dem Herzen liegt.

Vielleicht nehmt ihr euch auch einfach in den Arm.

ab 2 Personen

BLIND-BESTELLUNG

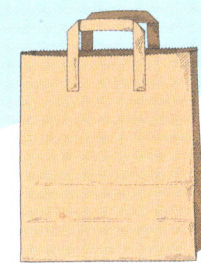

Das kannst du natürlich auch allein machen, aber mit Publikum
ist das einfach witziger.

Was du dafür brauchst: einen bezahlbaren Imbiss oder
Fast-Food-Laden – denn andernfalls kann diese
Idee ganz schön teuer werden.

Stell dich vor die Karte, schließ die Augen und tippe mit deinem
Finger blind. Das, worauf dein Finger landet, musst du bestellen
... und essen!

Guten Appetit!

DIE VARIANTE
FUR DAHEIM: ÖFFNE AUF
DEINEM HANDY DIE SPEISE-
KARTE EINES LIEFER-
SERVICES, UM BLIND
AUSZUWÄHLEN.

DAS HABE ICH BESTELLT

_____

_____

_____

ab 1 Person

ca. 10 Euro

STORY TIME

DIE GESCHICHTE VON
MIR UND MEINEM CRUSH

Also ich dachte, ich erzähle euch mal die Story mit meinem Crush … auf TikTok habe ich sie euch schon mal erzählt, aber wer weiß, vielleicht gibt es welche unter euch, die das Video nicht gesehen haben. Falls das so ist, ich bin enttäuscht.🥺 Spaß, chill, alles gut, HAHA!

Also ich sag mal so, ich hab mich nicht getraut meinen Crush zu fragen, ob sie mit mir zusammen sein will. Also habe ich meine damalige beste Freundin gefragt, ob sie für mich fragen kann. Da mein Crush keine klare Antwort gegeben hat, bin ich ihr bis nach Hause gefolgt und hab sie dann gefragt, was sie meiner besten Freundin geantwortet hat. Ihre Antwort war nur „ich weiß nicht".

Das war echt peinlich, denn das war eigentlich nur ein nettes Nein 🤡, und ich bin nach Hause gegangen und wollte eigentlich nur im Boden versinken.😍

WÜRDEST DU LIEBER ...

Das ist wieder so ein Spiel, bei dem man seine Freundinnen und Freunde viel besser kennenlernen kann. Das Verrückte dabei ist aber: Man kann sich echt die krassesten Konstellationen ausdenken. 🤡 Schaut einfach mal, wie weit ihr gehen wollt.

WÜRDEST DU DIR LIEBER NIE MEHR DIE HAARE SCHNEIDEN ☐ ODER SIE DIR NIE WIEDER FÄRBEN LASSEN? ☐

WÜRDEST DU LIEBER IN DIE VERGANGENHEIT ☐ ODER IN DIE ZUKUNFT ☐ REISEN?

WÜRDEST DU DIR LIEBER „DUMM" ☐ ODER „HÄSSLICH" ☐ AUF DIE STIRN TÄTOWIEREN LASSEN?

WÜRDEST DU LIEBER DEIN LEBEN LANG UNBEKANNT SEIN ☐ ODER FÜR ETWAS TOTAL PEINLICHES BERÜHMT WERDEN? ☐

WÜRDEST DU LIEBER EMIR ☐ ODER DEN BUNDESKANZLER ☐ KENNENLERNEN?

WÜRDEST DU LIEBER IMMER DAHEIM BLEIBEN ☐ ODER NIE NACH HAUSE ZURÜCKKEHREN DÜRFEN? ☐

 ab 2 Personen

 Stift

WÜRDEST DU LIEBER EINEN EWIGEN WINTER ☐ ODER EINEN EWIGEN SOMMER ☐ ERLEBEN?

WÜRDEST DU LIEBER ÜBER EINEN TÜRGRIFF ☐ ODER DEN FUSSBODEN ☐ LECKEN?

WÜRDEST DU EHER EINEN TIGER ☐ ODER EINE TARANTEL ☐ STREICHELN?

WÜRDEST DU LIEBER BILDSCHÖN, ABER DOOF ☐ ODER HOCHINTELLIGENT, ABER HÄSSLICH ☐ SEIN?

Würdest du lieber

oder

?

Würdest du lieber

oder

?

Würdest du lieber

oder

?

Würdest du lieber

oder

?

WELCHE EIGENEN IDEEN HAST DU? TRAGE SIE EIN!

FRAGEN ÜBER EMIR

Sag mal, wie gut kennen du und deine
Freundinnen und Freunde eigentlich ... mich?••

Könnt ihr diese Fragen beantworten?
Die Antworten findet ihr auf Seite 222.

WANN HABE ICH GEBURTSTAG?

_____

WAS IST MEINE LIEBLINGSFARBE?

_____

WAS HABE ICH MIT JESSIE AUF MEINEN KÜHLSCHRANK GEMALT?

_____

_____

WER IST MEIN TIKTOK-LIEBLING?

_____

VOR WELCHEN TIEREN HABE ICH ANGST?

_____

WAS MACHE ICH MIR AN DIE FINGER, WENN ICH „MELISA" UND „AYSE" SPIELE?

_____

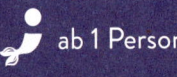 ab 1 Person

 Stift

WER DIE MEISTEN ANTWORTEN RICHTIG HAT, GEWINNT!

AB INS LABOR –

DIE SCHWIMMENDE TOMATE

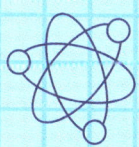

Fülle ein Glas mit normalem Leitungswasser
und lege die Tomate hinein. Was passiert?
Klar, die Tomate geht unter, weil sie eine höhere
Dichte hat als Wasser.
Nimm nun die Tomate aus dem Glas. Löffle Salz
in das Wasser und rühre um, bis sich das
Salz aufgelöst hat.
Wenn du jetzt die Tomate wieder ins Glas
legst, schwimmt sie oben.
Der Grund: Das Salz geht in die Zwischenräume
zwischen den Wassermolekülen und sorgt dafür,
dass das Wasser eine höhere Dichte hat.

DAS IST
ÜBRIGENS AUCH
DER GRUND, WES-
HALB MAN IM MEER
VIEL BESSER OBEN
SCHWIMMEN KANN.
🤓

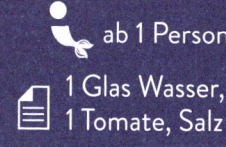

ab 1 Person

1 Glas Wasser,
1 Tomate, Salz

TOP 3

Listen? Lieben wir! Es muss ja nicht immer eine
To-do-Liste sein, manchmal macht es ja auch Spaß,
einfach mal schöne Dinge aufzuzählen.

Hierbei geht es um deine Top 3-Listen.
Was sind deine liebsten...?

FILME

1. ----------------------   2. -----------------------

3. ----------------------

SONGS

1. ----------------------   2. -----------------------

3. ----------------------

FARBEN

1. ----------------------   2. -----------------------

3. ----------------------

TIKTOKER ODER TIKTOKERIN··

1. ----------------------   2. -----------------------

3. ----------------------

1 Person

Stift

SPORTARTEN

1. _____ 2. _____

3. _____

TÄNZE

1. _____ 2. _____

3. _____

GETRÄNKE

1. _____ 2. _____

3. _____

ESSEN

1. _____ 2. _____

3. _____

URLAUBSZIELE

1. _____ 2. _____

3. _____

EISSORTEN

1. _____ 2. _____

3. _____

FINDE DEN FEHLER

PROFI-AUSGABE

Findest du die 6 Fehler auf dem rechten Bild?

 ab 1 Person

 Stift

WAHRHEIT ODER PFLICHT

Damit ihr dieses Spiel sofort spielen könnt, habe ich euch die Aufgaben schon mal vorbereitet. Schneidet die Zettel einfach aus, faltet sie zusammen und legt sie in eine Schüssel.

Zieht nun reihum die Zettel und beantwortet die Fragen oder erfüllt die Aufgaben. Viel Spaß!

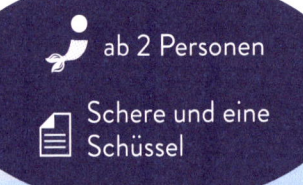

ab 2 Personen

Schere und eine Schüssel

Pflicht: Mache eine YouTuberin oder einen YouTuber nach. Erkennen die anderen, wer du bist?	*Wahrheit*: Was war das Gemeinste, was du jemals gemacht hast?
Pflicht: Tanze für die Mitspielenden zu einem Lied ihrer Wahl.	*Wahrheit*: Pinkelst du beim Duschen in die Dusche?
Pflicht: Tigere als süße kleine Miezekatze durch den Raum.	*Wahrheit*: Was ist das Peinlichste, was dir jemals passiert ist?
Pflicht: Erzähle einen Witz.	*Wahrheit*: Was findest du an der Person rechts von dir total toll?
Pflicht: Gurgle ein Lied – erkennen die anderen, welches Lied es ist?	*Wahrheit*: Warst du schon mal in einen Lehrer oder eine Lehrerin verliebt?
Pflicht: Rülpse so laut du kannst.	*Wahrheit*: Hast du in der Schule schon mal abgeschrieben?
Pflicht: Lass dich von deinen Mitspielenden schminken.	*Wahrheit*: Hast du schon mal etwas geklaut?
Pflicht: Mache einen Handstand – oder versuche es zumindest.	*Wahrheit*: Was findest du an dir total toll?
Pflicht: Klingle bei den Nachbarn – und hau so schnell du kannst wieder ab.	*Wahrheit*: Hattest du schon mal eine Sechs auf dem Zeugnis oder in einer Klassenarbeit?
Pflicht: Schlage so viele Purzelbäume, wie du alt bist.	*Wahrheit*: Warst du schon mal unglücklich verliebt?

JA, NEIN, VIELLEICHT

Stellt euch Fragen – ihr dürft darauf antworten, was ihr wollt. Nur nicht mit „Ja", „Nein" oder „Vielleicht".

Entscheidet, wer beginnt (vielleicht mit einer Runde Fli, Fla, Flu?). Die erste Person stellt fünf Fragen, dann ist die andere Person mit fünf Fragen dran, dann wieder die erste ...

Wenn ihr wollt, könnt ihr eure Fehler zählen.

HIER EIN PAAR BEISPIELE:

Hast du schon mal gelogen?••

Und geklaut?

Und jemanden verprügelt?

Und hast du schon mal Alkohol getrunken?

Jetzt lügst du aber, oder?

2 Personen

DIE PERFEKTE PARTY

An manchen Tagen ist ja wirklich gar nichts los, aber auch die kann man nutzen: um die nächste Party zu planen.

Was braucht es für deine perfekte Party? 🥳

MOTTO: _____

GÄSTE-LISTE: _____

_____

_____

_____

_____

_____

_____

_____

_____

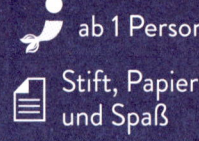

ab 1 Person

Stift, Papier und Spaß

DER PERFEKTE PARTYSONG:

_____

DEKO:

_____
_____
_____

ESSEN:

_____
_____
_____

GETRÄNKE:

_____
_____
_____

MEIN PARTY-OUTFIT:

_____

SCHÄTZ MAL!

Aaaaalso. Schau dir mal dieses Glas an.

Jetzt schätz mal – also raten, nicht zählen! –
wie viele Murmeln darin sind.

**DIE AUF-
LÖSUNGEN
FINDEST DU
AUF S. 223.**

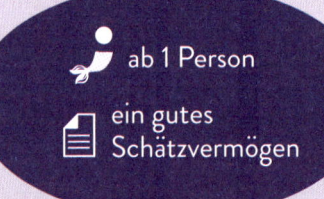
ab 1 Person

ein gutes
Schätzvermögen

Das schätze ich:

Das schätze ich:

312

WIE GUT KENNST DU ...?

Kennst du das auch: Du hast das Gefühl, jemanden seit Ewigkeiten zu kennen, und dann geschieht etwas oder er oder sie macht irgendetwas und du denkst dir: „WTF"?

Wie wäre es, wenn du und deine Freundinnen und Freunde eure fünfzehn Minuten Langeweile nutzt, um einander besser kennenzulernen?

Und zwar mithilfe dieser Fragen:

WAS WAR DER SCHÖNSTE MOMENT IN DEINEM LEBEN?

WOVOR HAST DU SCHRECKLICHE ANGST?

WO SIEHST DU DICH SELBST IN FÜNF JAHREN?

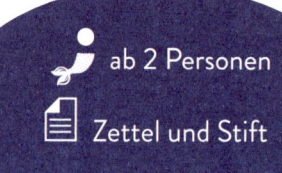

ab 2 Personen

Zettel und Stift

WAS IST DAS AUFRE-
GENDSTE, DAS DU JE-
MALS GEMACHT HAST?

WAS WÜRDEST
DU GERNE EINMAL
AUSPROBIEREN?

BIST DU EHER EIN
MAMA- ODER EIN
PAPA-KIND?

HAST DU EIN GE-
HEIMNIS, VON DEM
DU NOCH NIE JEMAN-
DEM ERZÄHLT HAST?

WAS WÜRDEST
DU SELBST FÜR
1.000.000 EURO
NICHT MACHEN?

WOHIN MÖCHTEST
DU UNBEDINGT
EINMAL REISEN?

WAS KANNST
DU SO RICHTIG
GUT?

Falls du bei einem **Referat** unsicher bist, kann dein/e BFF helfen: Sag ihm oder ihr vorher ein paar Fragen, die er oder sie stellen kann und die du gut beantworten kannst. So wirkst du direkt viel besser vorbereitet.

Wenn alles zu viel wird: Mach dir **To-do-Listen** und arbeite alles Schritt für Schritt ab. Wenn du eins nach dem anderen angehst, ist der Berg schon gar nicht mehr so groß.

Es klingt ganz logisch, aber: **Handy weg** beim Lernen!

Für **Ordnung** im Mäppchen: Halte die Stifte, die du selten brauchst, mit einem Gummiband zusammen. So kommst du schneller an die Stifte, die du auch wirklich oft benutzt.

Falls du ein Referat oder einen **Vortrag** halten musst: Trage dir deinen Text vorher einmal laut vor. Es ist zwar ein etwas komisches Gefühl, aber dann wirkt es beim tatsächlichen Referat viel lockerer und natürlicher.

EMIR

Für den **Pausensnack**: Damit ein geschnittener Apfel nicht braun wird, kannst du ihn wieder zusammensetzen und mit einem Gummiband zusammenhalten. So bleibt er bis zur großen Pause frisch. Noch stabiler wird es, wenn du den Apfel nicht ganz bis zum Boden durchschneidest.

Mach dir einen **Spickzettel** für die Klausur oder Klassenarbeit. Du sollst ihn nicht während der Prüfung benutzen, aber so hast du die allerwichtigsten Informationen schon mal zusammengetragen und kannst dort immer noch mal nachschauen.

Zeichne den perfekten **Kreis ohne Zirkel**: Dafür brauchst du zwei Bleistifte, ein Gummiband, einen Radiergummi und eine Klemme. Binde die beiden Bleistifte oben mit dem Gummiband zusammen und befestige alles mit der Klemme. Schiebe dann den Radiergummi zwischen die Stifte und nutze einen der Stifte als Basis, um so einen perfekten Kreis zu zeichnen.

IDEEN UND CHALLENGES FÜR 30 MINUTEN

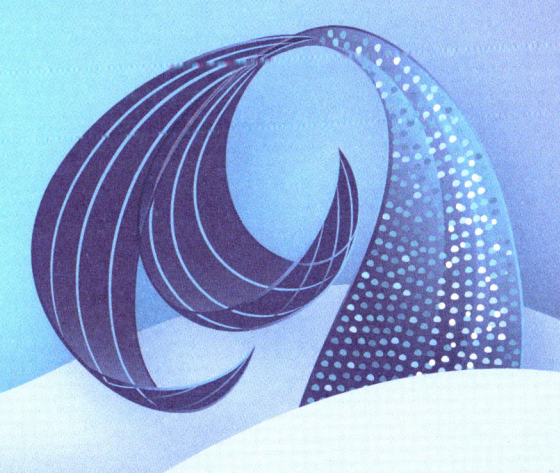

QUIZRUNDE

Ich weiß auch nicht, warum alle so gern Quiz spielen. In die Schule, wo ständig Fragen gestellt werden, geht ja auch keiner gern. Liegt es vielleicht daran, dass es beim Quiz keine Noten gibt?••

1.
WO WAR ANGELA MERKEL, ALS DIE MAUER FIEL? EINKAUFEN, IN DER SAUNA ODER ZU BESUCH BEIM RUSSISCHEN PRÄSIDENTEN?

2.
WIE ALT IST DIE ERDE?

3.
WAS BEDEUTET „MAOAM"?

4.
WELCHE FARBE HAT BLAUWALKACKE?

WO LIEGT DIE TIEFSTE STELLE DES MEERES?

 ab 1 Person

 Zettel und Stift

5.
WIE VIELE FÜßE HAT EIN TAUSENDFÜßER HÖCHSTENS? 500, 750 ODER 1000?

6.
MEGA-PUSSI IST IN FINNLAND KEINE MEGAPUSSI, SONDERN?

7.
DER KÖNIG DER LÖWEN IST DIE ADAPTION EINES STÜCKS VON WILLIAM SHAKESPEARE. VON *ROMEO UND JULIA, HAMLET* ODER *KÖNIG LEAR*?

8.
WER IST CHANGWAZI PIPI?

9.
WIE VIELEN KINDERN HAT DIE „FRUCHTBARSTE" FRAU DER WELT ANGEBLICH DAS LEBEN GESCHENKT? 16, 38 ODER 69?

10.
WELCHE AUSBILDUNG HAT KLAAS HEUFER-UMLAUF GEMACHT? EINE AUSBILDUNG UM FRISEUR, ZUM MECHATRONIKER ODER ZUM METZGEREI-FACHANGESTELLTEN?

DIE ANTWORTEN FINDEST DU AUF S. 223.

TELEFONPRANK – DAS DUELL

Andere am Telefon zu verarschen macht immer Spaß.

Hast du Lust, dir mit deinen Freundinnen und Freuden das ultimative Telefonprank-Duell zu liefern?

Das geht so:

VARIANTE 1: WER HÄLT LÄNGER DURCH?

Legt ein bestimmtes Thema fest – und schaut, wer die angerufene Person länger bei der Stange hält.

Zum Beispiel: „Ich hätte gerne ein Pizza Hawai – aber ohne Ananas und ohne Schinken, dafür mit Salami, Peperoni ... Und wie heißt dieser Salat, der manchmal auf Pizzen ist ...?"

Gewonnen hat, wer länger durchhält, ohne dass der oder die andere genervt auflegt, weil er sich verarscht fühlt.

VARIANTE 2: WÖRTER UNTERBRINGEN

Hier ruft ihr am besten Leute an, die ihr schon kennt – allerdings müsst ihr im Telefonat fünf vorher festgelegte Begriffe unterbringen. Wer es schafft, das Telefonat zu Ende zu bringen, ohne zu lachen – und ohne dass der oder die Angerufene etwas merkt, hat gewonnen.

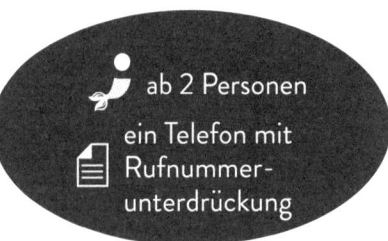

ab 2 Personen

ein Telefon mit Rufnummer- unterdrückung

DONAU-DAMPFSCHIFF-FAHRTSGESELL-SCHAFT

EIN PAAR IDEEN FÜR DIE WÖRTER GEFÄLLIG?

WURST-HAUT

KREUZ-OTTER

SEGEL-OHREN

KOTZEN

DURCH-FALL

RINGEL-SCHWÄNZCHEN

PIEPMATZ

MIEZE-KATZE

WIE ... ÄH ... LECKER

Mach das nicht allein. Das ist zu eklig, da brauchst du eine zweite Person zur Unterstützung.

Eure Challenge: Probiert eklige Essenskombinationen aus – von der Art, wie Schwangere sie gelegentlich essen. 🤡

Hier eine kurze Checkliste:

CHECKLISTE

☐ Nutella mit Gurken

☐ Käsebrot mit Marmelade

☐ Senf mit Schokolade

☐ Honigbrot mit Zwiebeln

ab 2 Personen

was der Kühlschrank so hergibt

MANDALA

Malen ist toll, um sich die Langeweile zu vertreiben. Wenn du dabei noch richtig entspannen willst, hilft es, Mandalas auszumalen. Das hier zum Beispiel.

1 Person

Stifte

YOGA-CHALLENGE

Yoga ist ja voll gut und so, weil es einen entspannt und gleichzeitig ein Sport ist. 💅

Aber trotzdem macht es doch als Challenge am meisten Spaß, deshalb probiert das doch mal aus! Ganz wichtig dabei: Seid vorsichtig und verletzt euch nicht!

SCHRITT 1:

Die Übungen. Macht folgende Übungen nach – und bewertet gegenseitig eure Ausführung ...

Boot

Dreibeiniger herabschauender Hund

Krieger III

Pflug

Bogen

2 Personen

stylishes Yoga-Outfit, Kamera oder Handy

	Yogi 1:	Yogi 2:	Yogi 3:
Boot (Navasana)			
Dreibeiniger herabschauender Hund (Eka Pada Adho Mukha Svanasana)			
Krieger III (Virabhadrasana III)			
Pflug (Halasana)			
Bogen (Dhanurasana)			

SCHRITT 2:

Macht Bilder von euch und lacht euch miteinander über eure schrägen Posen kaputt.

DREISSIG-MINUTEN-REZEPT:

MEERJUNGFRAUEN WAFFELN

Dass ICH dieses Rezept ausprobieren musste, war ja absolut klar. Und das Ergebnis sieht nicht nur schön aus, sondern ist auch super lecker!

ZUTATEN FÜR 10 WAFFELN:

- 125 g weiche **Butter**
- 10 g **Zucker**
- 1 Pck. **Vanillezucker**
- 3 **Eier**
- 250 g **Mehl**
- 1 TL **Backpulver**
- 200 ml **Milch**
- **Lebensmittelfarbe** (am besten natürlich blau)

FÜR DIE DEKO:

- Essbarer Glitzer
- Süße Tierchen aus Zuckerguss
- Alles, was euch gefällt

AUSSERDEM

- Waffeleisen

ab 1 Person

Wirf einen Blick in die Zutatenliste!

ca. 5–8 Euro

ZUBEREITUNG:

Verrühre die Butter mit Zucker und Vanillezucker.
Die Eier werden nach und nach untergerührt. Mehl
und Backpulver miteinander vermischen und zu der
Butter-Ei-Mischung geben und zu einem Teig
verrühren. Dann die Milch langsam unterrühren und
am Schluss nach Gefühl die Lebensmittelfarbe
hinzufügen.

Heize das Waffeleisen vor und gib 2 gehäufte
Esslöffel Teig auf das Waffeleisen. Jede Waffel etwa
1–2 Minuten goldbraun backen.

Danach kannst du die Waffeln so dekorieren, wie es
dir am besten gefällt – am besten natürlich mit schön
viel Glitzer!

PANTOMIME

Pantomime kennst du bestimmt, aber es gibt zwei Regeln, die viele beim Spielen immer wieder vergessen:

Man darf nicht reden und keine Geräusche machen. Du darfst also auch nicht sagen: „Der zweite Teil des Wortes kommt jetzt" oder so. Du musst das alles mit Körpersprache rüberbringen.••

Du darfst nur auf Körperteile – nicht aber auf irgendwelche Dinge – zeigen.

VERSTANDEN?

Dann schreibt Begriffe auf kleine Zettel und werft diese in eine Schüssel. Teilt euch in zwei Teams auf. Der jüngste Mitspieler bzw. Mitspielerin beginnt, zieht den ersten Zettel und hat 30 Sekunden, den Begriff darzustellen. Kommt sein oder ihr Team darauf, erhält es einen Punkt. Wenn die Zeit noch nicht um ist, darf er oder sie noch weitere Zettel ziehen.

Ist die Zeit rum, ist das gegnerische Team dran.

Das Spiel ist aus, wenn alle Zettel durchgespielt sind. Gewonnen hat das Team mit den meisten Punkten.

Beim Spiel zu zweit spielt ihr einfach zu zweit – ohne Gewinner.

ab 2 Personen

Papier und Stift
sowie eine Schüssel

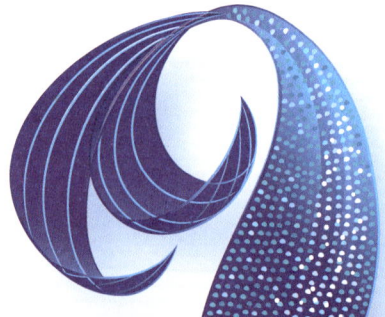

WER WÜRDE EHER ...

Für dieses Spiel bekommen alle Mitspielenden einzelne Zettel mit den Namen sämtlicher Mitspielenden. Stellt reihum Fragen wie „Wer würde eher mal ein bekannter YouTuber werden?", „Wer würde eher in eine Schlägerei verwickelt werden?", „Wer würde eher einen Prinzen heiraten?".

Als Antwort darauf halten alle den Zettel mit dem Namen der Person hoch, von der sie glauben, dass sie das Genannte am ehesten machen würde.

LUST AUF NOCH MEHR FRAGEN?

WER WÜRDE EHER EINEM KLEINEN KIND SEINEN LUTSCHER KLAUEN?

WER WÜRDE EHER ALS MODEL ARBEITEN?

WER WÜRDE EHER MAL EINEN NOBELPREIS GEWINNEN?

WER WÜRDE EHER AUF 15-ZENTIMETER-HOHEN SCHUHEN LAUFEN KÖNNEN?

WER WÜRDE EHER BEI EINEM BOXKAMPF GEWINNEN?

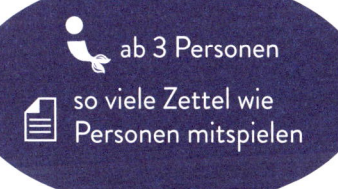

ab 3 Personen

so viele Zettel wie Personen mitspielen

ERZÄHL MIR WAS VON DIR!

Es gibt so Sachen, Geschichten von deiner Familie, die weißt du eigentlich schon – aber so richtig nachgefragt hast du dann irgendwie doch nicht. 🐷

Setz dich mit deinen Eltern oder deinen Großeltern zusammen und stelle ihnen all die Fragen, die du ihnen schon immer einmal stellen wolltest.

Du weißt nicht so recht, wie du anfangen sollst?
Wie wäre es hiermit?

WAS WAR DAS SCHÖNSTE ERLEBNIS IN DEINER KINDHEIT?

BIST DU GERN IN DIE SCHULE GEGANGEN? WIE WAR ES SO?

WELCHES ERLEBNIS IN DEINER KINDHEIT PRÄGT DICH BIS HEUTE?

WÜRDEST DU IN DEINEM LEBEN GERNE DINGE ANDERS MACHEN?

WAS WAR DER SCHWERSTE RÜCKSCHLAG IN DEINEM LEBEN?

WAS WOLLTEST DU ALS KIND EIGENTLICH EINMAL WERDEN?

WER WAR DEINE ERSTE GROßE LIEBE?

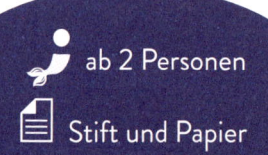
ab 2 Personen
Stift und Papier

FRAGE DEINE
GROSSELTERN,
WIE ES WAR, ALS SIE
SO ALT WAREN WIE
DU – UND SCHREIBE IHRE
ANTWORT FÜR DEINE
KINDER AUF, WENN
SIE EINMAL SO ALT
SIND WIE DU.

STORY TIME

WARUM BIN ICH EIGENTLICH, WIE ICH BIN?

Ja also Leute, ich sag mal so, ich hab erfahren, warum ich überdimensional oft Probleme habe ...

Meine Mutter hat mir vor kurzem erzählt, dass ich bei der Geburt runtergefallen bin und Jap das ist kein Witz, HAHA. Es besteht die Möglichkeit, dass ich eventuell dadurch ein paar Gehirnzellen verloren habe und so die Probleme entstehen.🤡 Oder ich suche einfach eine Ausrede, was meint ihr?😂

Aber auf jeden Fall haben sie mich sofort aufgehoben, als ich runtergefallen bin und ja, ich sag mal so, ich lebe noch, also alles im grünen Bereich. 🙏😂 Und falls ihr euch fragt, ob meine Eltern mich fallen lassen haben ... Ne, es war der Arzt, HAHAH. 🤡 OMG, ich sollte ihn verklagen, oder nein? Warte, ohne ihn hätte ich kein TikTok-Content.😂

DANKE ARZT – GRÜSSE GEHEN RAUS!😂🤡

FOTO-STORY

Schaut euch mal diese alten Kinderfotos
von meiner Familie und mir an! 🥰

Was haben wir da wohl gesagt?

Ich bin absolut
freiwillig hier!

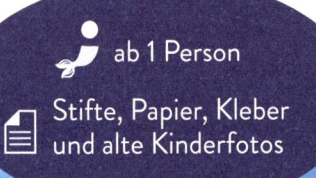

ab 1 Person

Stifte, Papier, Kleber
und alte Kinderfotos

Such deine alten Kinderfotos raus (und schau dann auch mal auf S. 161👀) und überlege, was dir witziges dazu einfällt.

Dein witzigstes Bild kannst du hier einkleben und beschriften, aus den übrigen kannst du mit Papier und Kleber sogar eine ganze Foto-Story basteln!

MAL-CHALLENGE

Im Grunde dasselbe Vorgehen wie bei
Pantomime auf Seite 90 – nur erklärt ihr nicht
mit dem Körper, sondern mit dem Stift.

TASCHEN-LAMPE

REGEN-RINNE

MEER-JUNGFRAU

BRAUCHT IHR
EIN PAAR IDEEN
FÜR BEGRIFFE?

OSTERHASE

WASSER-RUTSCHE

MAUL-WURF

KINDER-GARTEN

EINKAUFS-WAGEN

BEINBRUCH

HAND-SCHELLEN

ab 2 Personen

Papier und Stift

HIER KÖNNT IHR SCHON MAL EIN BISSCHEN ÜBEN:

STADT, LAND, FLUSS

Dieses Spiel kennst
du bestimmt. Ihr sucht euch einen
Buchstaben aus und jeder Mitspielende muss
in jede Kategorie ein passendes Wort mit diesem
Anfangsbuchstaben eintragen.••

Wer als erstes alle Spalten voll hat, ruft: „Stopp" – und dann
wird abgeglichen: Ist man der oder die Einzige mit einem Wort
in der Kategorie, gibt es zwanzig Punkte. Hat man ein Wort,
das sonst keiner hat, gibt es zehn Punkte. Hat man ein Wort,
dass auch jemand anderes hat, gibt es fünf Punkte.

Gewonnen hat, wer am Ende die meisten
Punkte insgesamt hat.

ab 2 Personen

Stift und Papier

Die klassischen Kategorien sind euch zu langweilig?
Wie wäre es stattdessen mit diesen hier?

INFLUEN-CER*IN ODER YOUTUBER*IN

FILM-TITEL

SCHAU-SPIELER*IN

SÜBIG-KEIT

BERÜHMTE*R SPORTLER*IN

SCHUL-FACH

LIED

FILM-FIGUR

KLEIDUNGS-STÜCK

PFLEGE-PRODUKT

PLAYLIST

Der Soundtrack für jede Gelegenheit!
Welche Songs gehören für dich zu diesen Situationen?

SUMMER VIBES

----------------------   ----------------------

CHILLEN

----------------------   ----------------------

PARTY

----------------------   ----------------------

SPORT

----------------------   ----------------------

LIEBESKUMMER

----------------------   ----------------------

ab 1 Person

Stift

FILME SYNCHRONISIEREN

Ja, ich weiß: Fernsehen gegen Langweile ist auf den ersten Blick nicht die super geniale Idee. Aber in dieser Form schon.

Such dir eine beliebige Serie, einen Cartoon oder einen Film – und schalte den Ton ab.

Jetzt bist du dran: Denke dir aus, was die Leute gerade sagen, und denke dir so eine komplett neue, völlig verrückte Handlung aus. 🤡

ZU ZWEIT MACHT DAS GANZE NOCH MEHR SPASS! ÜBERRASCHT EUCH GEGENSEITIG MIT EUREN DIALOGIDEEN.

ab 1 Person

Handy, PC oder Smart-TV

BFF-DUELL

Kennst du die Show „Schlag den Star"? Doch heute wird kein Star geschlagen, sondern du trittst gegen deine/n BFF an – und zwar in fünf Disziplinen. Für den Gewinner oder die Gewinnerin des ersten Spiels gibt es einen Punkt, für Sieger oder Siegerin des zweiten zwei und so weiter ...

Hier die Tabelle:

NAME		
Punktestand nach Spiel 1		
Punktestand nach Spiel 2		
Punktestand nach Spiel 3		
Punktestand nach Spiel 4		
Punktestand nach Spiel 5		
Gewinner / Gewinnerin		

2 Spielende
1 Moderation
Schaue beim jeweiligen Spiel nach.

SPIEL 1

 Stift und Papier für beide
Mitspielenden, Stoppuhr

HAUPTSTÄDTE

Notiert die Hauptstädte zu folgenden Ländern.
Ihr habt eine Minute Zeit.

Brasilien

Russland

Australien

Rumänien

England

Kanada

Kenia

Indien

Mexiko

Kasachstan

Wer die meisten richtigen Antworten hat, gewinnt.
Liegt ihr gleichauf, erhalten beide einen Punkt.

SPIEL 2

 Eine Packung Taschentücher
für beide Mitspielenden und
einen Mülleimer

WERFEN

Knüllt sämtliche Taschentücher aus der Packung zu
Wurfgeschossen, stellt euch im Abstand von zwei Metern vom
Mülleimer auf – und werft abwechselnd. Für jede „Kugel" habt ihr
nur einen Versuch. Wer die meisten Treffer landet, erhält 2 Punkte.

SPIEL 3

 Papier und Stift

KETTENRECHNEN

Hier geht es um Schnelligkeit – aber das Ergebnis muss stimmen.

Die moderierende Person nennt euch nacheinander fünf
Kettenrechnungen. Wer als erstes das jeweilige Ergebnis richtig
nennt, bekommt einen Punkt. Ihr habt immer nur einen Antwort–
Versuch. Liegt keiner richtig, bekommt niemand einen Punkt.
Weiter geht es mit der nächsten Rechnung.

Wer als erstes drei Punkte hat, gewinnt das Spiel und
bekommt 3 Punkte für die Gesamtwertung.

$3+17+8+24+7+38+12=$

$38-11+17+8-19+21-33=$

$12+12+12+12+12+12+24=$

$14-18+33+109-72+8+1-1=$

$25-10+37+12-38-17+19=$

SPIEL 4

BALANCE

Stellt euch auf einen Bein – ihr dürft frei entscheiden, welches ihr nehmt. Wer länger aushält, gewinnt und erhält 4 Punkte.

SPIEL 5

 Papier und Stift

NACHBARLÄNDER

Auch hier geht es um Schnelligkeit – und Richtigkeit.

Die moderierende Person nennt euch nacheinander die Namen von fünf Bundesländern. Wer als erstes die Nachbarbundesländer des jeweiligen Landes richtig notiert hat, bekommt einen Punkt. Ihr habt immer nur einen Antwort-Versuch. Liegt der oder die Erste falsch, darf der oder die andere versuchen, richtig zu antworten. Liegt keiner richtig, bekommt niemand einen Punkt.

Wer zuerst 3 Punkte hat, gewinnt. Und bekommt sogar 5 Punkte für die Gesamtwertung.

Bayern, Saarland, Hessen, Schleswig-Holstein, Baden-Württemberg, Sachsen

DIE LÖSUNGEN FÜR SPIEL 1, 3 UND 5 FINDET IHR AUF S. 223.

KETTEN-GESCHICHTE

Geschichten erzählen könnt ihr auf ganz unterschiedliche Art und Weise. 🤡

MÖGLICHKEIT 1:

Erzählt abwechselnd eine Geschichte. Jeder sagt immer nur einen Satz. Sprecht euch nicht ab. Und wenn einer plötzlich Aliens auftauchen lassen will, dann tauchen da eben Aliens auf.

MÖGLICHKEIT 2:

Schreibt abwechselnd eine Geschichte. Nehmt euch ein Blatt Papier. Einer von euch beginnt mit dem ersten Satz und knickt dann um, was er oder sie geschrieben hat, und gibt das Blatt weiter an die nächste Person, die den nächsten Satz schreibt. In diesem Fall wisst ihr nicht, was der oder die andere sich überlegt hat.

> IHR WERDET ÜBER-RASCHT SEIN, WAS FÜR EIN SCHRÄGER QUATSCH DA HERAUSKOMMT.

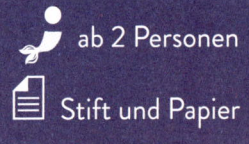
ab 2 Personen
Stift und Papier

MÖGLICHKEIT 3:

Nehmt ein Blatt Papier, aber schreibt nicht
abwechselnd Sätze, sondern Wörter darauf. Damit
da kein wildes Chaos entsteht, gibt es einige
Vorgaben. Legt das Blatt quer. Der erste Spieler,
die erste Spielerin beginnt links mit einer Person
oder einem Namen und knickt dann die Spalte nach
hinten. Es geht weiter damit, was die Person tut,
dann folgt, mit wem sie das tut, wann sie das tut,
wie sie das tut, warum sie das tut und wo sie das tut.
Wenn ihr wollt, könnt ihr das Blatt auch
beschriften:

Wer?	Tut was?	Mit wem?	Wann?	Wie?	Warum?	Wo?

Und was kommt dabei heraus?

_____

_____

_____

_____

_____

_____

Zum Beispiel ein Satz wie dieser hier:
Emir lacht mit Nisa am Morgen peinlich aus
Langeweile auf dem Traktor.

MEERJUNGFRAUEN-WÜRFELN

Heute malen wir eine Meerjungfrau. Das ist gar nicht so schwer. Du musst nur würfeln und dann das malen, was in der Tabelle für diese Augenzahl steht. Beim ersten Mal würfeln geht es um die Haare, dann um das Gesicht, den Körper …

Nach vier Mal würfeln ist die Meerjungfrau komplett!

SO SEHE ICH ABER NICHT WIRKLICH AUS, ODER?

Male hier dein Ergebnis auf:

ab 1 Person

Stift, Papier und ein Würfel

Haare	Gesicht	Körper	Flosse	

  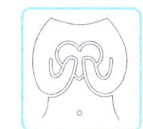  

  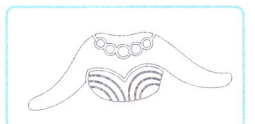  

  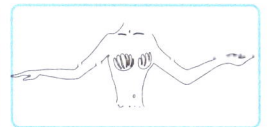  

  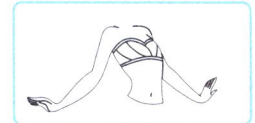  

DREISSIG-MINUTEN-REZEPT:

CHIPS-BROT

Warum wird Brot eigentlich aus Getreide gemacht?
Wäre es nicht viel schlauer, es aus etwas richtig Leckerem
zu backen? Zum Beispiel ... Chips?

ZUTATEN:

- 1 Packung deiner **Lieblingschips**

- 4 **Eier**

- Etwas **Streukäse**

ZUBEREITUNG:

Zerkrümle die Chips in der Tüte,
bis sie richtig klein sind!

Füge vier Eier und den Streukäse
in die Tüte hinzu und vermische
alles mit einem langen Löffel.

Verschließe die Tüte oben und
lege sie für 30 Minuten in einen
Topf mit kochendem Wasser. Pass
auf, dass die Öffnung der Tüte
nicht unter Wasser gerät.

Hol das Brot ganz vorsichtig aus
der Chipstüte raus und dann ...
Leeeecker!!

> MEIN ABSOLUTES
> LIEBLINGSBROT!

 ab 1 Person

 Wirf einen Blick in
die Zutatenliste!

 ca. 5 Euro

BLINDES VERTRAUEN

Ihr vertraut einander komplett?••

Dann schminkt euch gegenseitig – der oder die andere darf erst gucken, wenn's fertig ist. Wenn ihr den Schwierigkeitsgrad steigern wollt, könnt ihr auch die linke bzw. schwächere Hand benutzen!

HIER KÖNNT IHR
EIN FOTO VON
EUCH EINKLEBEN.

2 Personen

Make-up

Du willst Nachos oder Chips essen, aber hast nicht den richtigen **Dip**? Versuchs mal ganz einfach mit Ketchup, schmeckt genauso gut.

Eiswürfel spezial: Besonders im Sommer ist es total lecker, wenn du dein Lieblingsobst einfach einfrierst und dir dadurch super leckere Eiswürfel machst. Besonders gut eignen sich z. B. Himbeeren oder Blaubeeren – so wird dein Getränk kalt UND super lecker.

Eiswürfel spezial 2: Lust auf schnellen und unkomplizierten Eiskaffee? Friere in einer Eiswürfelform Kaffee ein. Wenn du dann spontan Lust auf einen Eiskaffee bekommst, musst du nur noch die Kaffeewürfel in ein Glas mit etwas Milch füllen und fertig!

Schneide **Pizza** mit der Schere statt mit dem Messer – geht viel schneller und einfacher. Du musst die Schere danach aber ordentlich sauber machen!

FUN FACT: ICH HASSE KAFFEE.

EMIR

Erdbeeren sind super lecker, aber man muss vor dem Essen immer erst die Blätter abmachen. Wenn du einfach einen Strohhalm von unten nach oben durch die Erdbeere stichst, gehen die Blätter ganz leicht ab und auch das harte Ende ist direkt mit weggeschnitten.

Man kennt's: Alle haben gleichzeitig Hunger auf **Tiefkühlpizza**, aber es passt nur eine Pizza aufs Blech. Wenn du zwei Pizzen vor dem Backen halbierst, kannst du sie beide problemlos auf ein Blech legen.

Eier trennen kann super nervig sein, aber mit diesem Trick ist es ganz einfach: Schlage ein Ei in einer Schüssel auf. Jetzt brauchst du nur noch eine leere PET-Flasche, die du zusammendrückst, um damit das Eigelb einzusaugen. Das eingesaugte Eigelb kannst du dann ganz einfach in eine andere Schüssel geben.

Bananen lassen sich viel einfacher schälen, wenn du nicht „oben", sondern unten ansetzt – dann gehen die Fäden auch viel besser ab.

IDEEN UND CHALLENGES FÜR EINE STUNDE

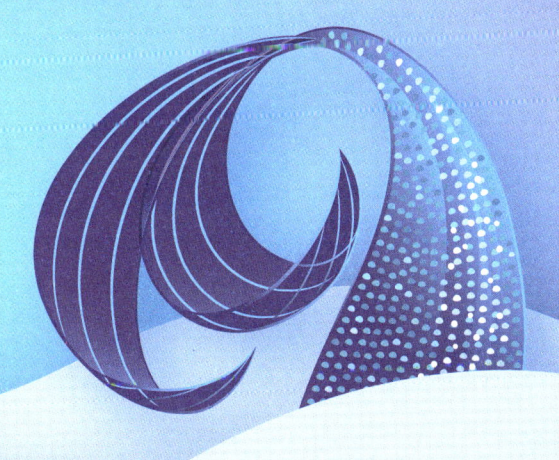

DIE GESCHICHTE EURER FREUND-SCHAFT

Pläne für die Zukunft könnt ihr auf den beiden nächsten Seiten machen – vielleicht habt ihr auch einmal Lust, einen gemeinsamen Blick in die Vergangenheit zu werfen?

SO HABEN WIR UNS KENNENGELERNT:

DAS HABE ICH AM ANFANG ÜBER DICH GEDACHT:

DAS HAST DU AM ANFANG ÜBER MICH GEDACHT:

UNSERE SCHÖNSTE GEMEINSAME REISE:

2 Personen

Stift

UNSER PEINLICHSTES
ERLEBNIS:

UNSER GRÖßTER
STREIT:

WAS WÜRDEST DU AN MIR ÄNDERN?

DAS FINDE ICH AN DIR TOLL:

DAS WÜRDE ICH
AN DIR ÄNDERN:

DAS FINDEST DU AN MIR TOLL:

DARUM WERDEN WIR
IMMER BEFREUNDET BLEIBEN:

AUSGEFÜLLT AM: _____

EURE GANZ PERSÖNLICHE

FREUNDSCHAFTS-BUCKETLIST

Weißt du, was auch ganz hervorragend
gegen Langeweile hilft?

Pläne machen – zum Beispiel darüber,
was ihr alles noch zusammen erleben wollt.

Lasst eurer Fantasie freien Lauf – es dürfen auch
total verrückte, abgedrehte Sachen sein. 😍

FREUNDSCHAFTS-
BUCKETLIST ERSTELLEN ☑

🧜 ab 2 Personen

📄 Stift

FREUNDSCHAFTS-BUCKETLIST

WAS MACHEN WIR?	WANN?

VERKLEIDEN!

HEUTE VERKLEIDEN WIR UNS!

„Richtige" Verkleidungen braucht ihr dafür nicht einmal, sondern einfach einen gut gefüllten Kleiderschrank.

Probiert die witzigsten Outfits aus – oder stylt euch gegenseitig und hüllt euch in die krassesten Kombinationen.

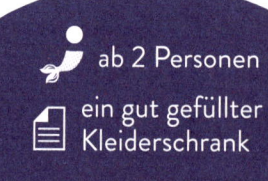

ab 2 Personen

ein gut gefüllter Kleiderschrank

SHOPPING QUEEN

Ihr wollt mehr, als euch einfach nur zu verkleiden?

Dann macht daraus eine richtige Challenge.
Wie eine echte Shopping Queen.

Legt als Allererstes ein Motto fest. Sportlich,
elegant, sommerlich, Weihnachten – oder: „Du
bist auf die internationale TikTok-Convention
eingeladen. Was ziehst du an?"

Ihr habt dreißig Minuten Zeit, um das perfekte
Outfit zusammenzustellen und euch zu stylen.
Der Flur eignet sich perfekt als Catwalk. Wenn
ihr möchtet, könnt ihr euch natürlich auch
gegenseitig bewerten!

	QUEEN 1	QUEEN 2	QUEEN 3	QUEEN 4	QUEEN 5

Punkte

MEIN MOTTO:
UNTER DEM MEER!

ab 2 Personen

wieder der
Kleiderschrank

FOTO-SAFARI

Um eine Foto-Safari zu machen, brauchst
du keine wilden Tiere, sondern nur dein Handy –
und einen guten Freund oder eine gute Freundin,
gegen die du antrittst im Wettkampf:
Wer von euch macht die besten Bilder?

Ihr habt eine Stunde Zeit. Zieht los und
macht Fotos zu folgenden Themen.
Fallen euch noch weitere Kategorien ein?

 ab 2 Personen

Handy oder
Kamera

Vergleicht nach einer Stunde eure Bilder und entscheidet, wer in welcher Kategorie das bessere Pic geschossen hat. Gewonnen hat, wer die meisten „Einzelsiege" eingefahren hat.

KATEGORIE 1:
TIERBILD

Gewonnen hat: _____

KATEGORIE 5:
LUSTIG

Gewonnen hat: _____

KATEGORIE 2:
COOLES SELFIE

Gewonnen hat: _____

KATEGORIE 6:
_____

Gewonnen hat: _____

KATEGORIE 3:
LANDSCHAFT

Gewonnen hat: _____

KATEGORIE 7:
_____

Gewonnen hat: _____

KATEGORIE 4:
TRASH

Gewonnen hat: _____

KATEGORIE 8:
_____

Gewonnen hat: _____

SECHZIG-MINUTEN-REZEPT:

DIY-BUBBLE-TEA

Egal, wie du deinen Bubble Tea am liebsten trinkst – ob mit Tee
oder Fruchtsaft, mit oder ohne Eis –, eines brauchst
du dafür immer: Tapiokaperlen.

Und die stellst du so her:

ZUTATEN:

- 40 ml **Wasser** – oder auch **Fruchtsaft**

- 30 g brauner **Zucker**

- Schwarze **Lebensmittelfarbe**

- 80 g **Tapiokastärke**

- Wenn gewünscht: **Zuckersirup** mit Geschmack

ab 1 Person

Wirf einen Blick in die Zutatenliste!

ca. 5–10 Euro

UND SO GEHT'S:

Erhitze das Wasser (oder den Saft) in einem Topf auf dem Herd und gib den braunen Zucker dazu – wenn du möchtest, kannst du auch einen Löffel Zuckersirup mit einem Geschmack deiner Wahl hinzugeben. Rühre so lange, bis sich der Zucker aufgelöst hat, dann kannst du die schwarze Lebensmittelfarbe dazugeben. Rühre nach und nach die Tapiokastärke unter die Flüssigkeit. Wenn die Masse langsam schön dick wird, nimmst du den Topf vom Herd, damit sie nicht anbrennt.

Gib dann das Ganze auf eine hitzebeständige Arbeitsplatte (Achtung: heiß!) und knete so lange, bis wirklich gar kein Klümpchen mehr übrig ist. Dann kannst du aus dem Teig kleine Kügelchen formen. Am besten geht das, indem du den Teig in kleine Portionen teilst und zu Strängen rollst, die du dann mit einem Messer in kleine Stückchen schneidest.

Wenn du damit fertig bist, kannst du einen Topf mit kochendem Wasser aufsetzen. Gib die Perlen hinein, sobald das Wasser kocht und lasse sie ungefähr 20 Minuten kochen – und danach noch einmal 20 Minuten ziehen.

Abgießen, abkühlen lassen – und ab damit in den Bubble Tea!

WENN ICH DU WÄRE ...

Das perfekte Spiel für peinliche Challenges und witzige Mutproben. Aber aufgepasst: Deine Mitspielerin oder dein Mitspieler kann sich jederzeit bei dir rächen.

Wie das Ganze funktioniert?

Ihr formuliert Sätze, was ihr tun würdest, wenn ihr der andere wärt – und der andere muss das dann auch machen.

Hier ein paar Beispiele:

> WENN ICH DU WÄRE, WÜRDE ICH SO LAUT ICH KANN AUS DEM FENSTER SCHREIEN.

> WENN ICH DU WÄRE, WÜRDE ICH MEINEM CRUSH EINE SÜßE NACHRICHT SCHICKEN.

> WENN ICH DU WÄRE, WÜRDE ICH MICH IRGENDWO IM HAUS VERSTECKEN UND DIE ANDEREN MÜSSEN MICH DANN SUCHEN.

> WENN ICH DU WÄRE, WÜRDE ICH EINER PERSON MEINER WAHL EINE SCHÖNE FUßMASSAGE VERPASSEN.

> WENN ICH DU WÄRE, WÜRDE ICH MICH VON MIR SCHMINKEN LASSEN.

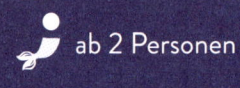 ab 2 Personen

INSTANT-SCHROTT-WICHTELN

Schrottwichteln, wenn man richtig viel Zeit hat, um sich ein Geschenk auszudenken, kann ja jeder. Aber habt ihr schon mal Instant-Schrottwichteln probiert?

Ihr habt eine Stunde Zeit, um aus dem Schrott, dem Abfall, den aussortierten Dingen bei euch im Haus kleine „Überraschungen" füreinander zu basteln.

Schere, Kleber, Nadel und Faden – Knüllen, Biegen, Falten … tobt euch aus. Und wenn sogar etwas Sinnvolles dabei rauskommt, ist das auch kein Problem. Schließlich habt ihr es aus Schrott hergestellt. 😊

ab 2 Personen

Schrott – und ganz viel Fantasie

WAND-MALEREI

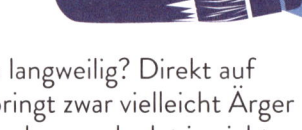

Poster sind dir zu langweilig? Direkt auf
die Wand zu malen bringt zwar vielleicht Ärger
mit den Eltern, aber planen schadet ja nichts.
Male hier auf, welches Bild du gerne an
deine Zimmerwand malen würdest.

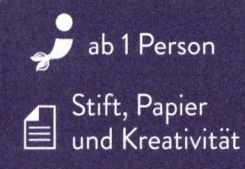

ab 1 Person

Stift, Papier
und Kreativität

STORY TIME

JETZT ÜBERNIMMT SEVGI

GEFÜLLTE WEINBLÄTTER

Das hier ist mein absolutes Lieblingsrezept! Emir freut sich immer, wenn ich es koche.

ZUTATEN:

- ca. 250 g **Reis**
- 3 **Zwiebeln**
- 1 **Knoblauchzehe**
- **Tomatenmark**
- 1 **Paprika**

- 1 Dose **gehackte Tomaten**
- **Weinblätter** (gibt's im türkischen Supermarkt)
- **Petersilie**
- **Salz, Pfeffer** und **Paprikapulver**
- **Olivenöl**

ZUBEREITUNG:

Erst den Inhalt vorbereiten:

Gehackte Zwiebeln im Öl anbraten, Knoblauch dazugeben. Tomatenmark und klein geschnittene Paprika dazugeben. Dann den gekochten Reis daruntermischen.

Eine Dose gehackte Tomaten hinzufügen. Mit Pfeffer, Salz und Paprikapulver würzen und etwas Petersilie dazufügen. 5 Minuten kochen lassen.

Als Letztes den vorbereiteten Inhalt auf die Weinblätter geben und rollen.

Alle fertigen Weinblätter in einen Topf legen, 2 Gläser Wasser reinschütten (es sollten ca. 400 ml sein) und etwas Olivenöl drübergeben.

Jetzt ca. 30 Minuten im Topf köcheln lassen.

UND FERTIG! 😍

TIPP: SCHÜTTET VOR DEM SERVIEREN ZITRONENSAFT DRÜBER. VERTRAUT MIR, ES SCHMECKT SOOO GEILLL !

ÜBERRASCHUNG

Weißt du, was fast genauso toll ist, wie von einem lieben Menschen eine super tolle Überraschung zu bekommen?

Richtig! Einem lieben Menschen mit einer super tollen Überraschung eine Freude zu machen! 🥰

Überraschung!

Diesem Menschen möchte ich heute eine ganz besondere Überraschung bereiten:

Das möchte ich machen:

Das brauche ich dafür:

 ab 1 Person

 Das hängt von der Überraschung ab, die du dir ausdenkst.

Dir fehlen die Ideen? Was jemandem Freude macht, kann total unterschiedlich sein – hier ein paar Vorschläge, aus denen du dir etwas Passendes aussuchen kannst:

FRÜH-STÜCK AM BETT

EIN SELBST-GEPFLÜCKTER BLUMENSTRAUB AUS WIESEN-BLUMEN

EIN WITZIGES HANDY-VIDEO

EIN SELBSTGE-BACKENER KUCHEN

EIN ALTES FOTO VON EUCH ZWEIEN MIT EINEM LIEBEN GRUB

ÜBERRASCHUNG!

RICHTE DEIN TRAUMZIMMER EIN

Hast du Lust, dein Zimmer einmal wieder komplett neu zu gestalten – und sei es nur in deiner Fantasie? 🤩

Dann zeichne eine dreidimensionale Darstellung deines Zimmers (keine Sorge! So perfekt muss das nicht sein!) und schneide aus allen möglichen Einrichtungskatalogen, aber auch aus Zeitschriften und Werbeflyern aus, was dir gefällt und dich inspiriert und klebe die ausgeschnittenen Dinge in den Entwurf.

Dabei musst du dich nicht auf Möbel beschränken. Halte auch Ausschau nach Bildern für die Wände, Kissen, witzigen Lampen und allem möglichen Deko–Kram.

DU FINDEST BESTIMMTE DINGE, DIE DIR VORSCHWEBEN NICHT? DU KANNST AUCH SELBST ZUM STIFT GREIFEN UND SIE IN DEN ENTWURF DEINES TRAUMZIMMERS EINZEICHNEN.

🧜 1 Person

📄 reichlich Möbelkataloge, Stift und Papier, Kleber und Schere

ЭBꞦↃ

SECHZIG-MINUTEN-REZEPT:

OREO-SUSHI

Oreo-Sushi klingt verrückt? Ist es auch ein bisschen. Aber weißt du, was es außerdem ist? Superlecker! Probier's einfach mal aus.

ZUTATEN:

- 2 Packungen Oreos oder andere **Kekse** mit einer cremigen Füllung

- **Milch**

UND SO GEHT'S:

Trenne die Kekse und die Creme voneinander und fülle sie in zwei verschiedene Schüsseln.

Zerkleinere die Kekse und füge so viel Milch hinzu, dass du einen knetbaren Keksteig hast.

Füge der Cremefüllung langsam so viel warme (!) Milch hinzu, bis aus ihr eine gut rührbare, aber nicht zu dünnflüssige Creme geworden ist.

Rolle die Keksmasse wie einen Plätzchenteig aus und verteile die Creme darauf.

Rolle beides zu einer Sushi–Roll zusammen, wickle sie in Alufolie und lege sie für ca. 30 Minuten ins Tiefkühlfach.

Wenn die Rolle hart genug ist, kannst du sie in Stücke schneiden und essen – schmeckt mit und ohne Stäbchen!

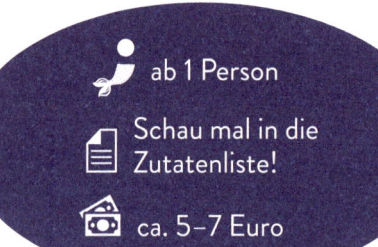

ab 1 Person

Schau mal in die Zutatenliste!

ca. 5–7 Euro

PIMP YOUR CLOTHES - BATIKEN

Was anstellen mit einem einfachen Shirt, das dich nur noch langweilt? Verpass ihm etwas Farbe und mach dir selbst ein Batik-Shirt.

Online findest du viele Abbindetechniken für die unterschiedlichsten Muster. Die einfachste geht so: Lege dein Shirt flach auf den Boden und fasse es dort, wo das „Zentrum" deines Shirts werden soll. Hebe es an dieser Stelle hoch und lege es nun als lange „Wurst" auf den Boden. Binde diese Wurst im Abstand von mehreren Zentimetern immer wieder fest mit dem dicken Faden ab.

Dann kann auch schon das Färben im Eimer beginnen. Gehe dabei nach der Anleitung auf der Packung der Textilfarbe vor. Vergiss die Handschuhe nicht, damit du nicht für den Rest der Woche mit blauen oder pinken Händen herumlaufen musst. Je länger du dein Shirt einweichst, desto intensiver wird die Farbe.

Danach auswaschen und – ebenfalls nach Anleitung auf der Packung des Fixiermittels– fixieren.

Gib das gefärbte Oberteil für einen kurzen Waschgang in die Waschmaschine und fertig ist dein Batikshirt.

1 Person

altes Shirt, Textilfarbe, Fixiermittel, feste Schnur, einen alten Eimer, Handschuhe

ca. 3–5 Euro

HEUTE STELLST DU DICH DEINER GRÖßTEN ANGST

Zunächst einmal die Frage:
Was macht dir am meisten Angst?

Also ich meine jetzt nicht so was wie Krieg oder Tod, sondern ganz konkrete Ängste: Hast du Höhenangst? Angst vor Spinnen? Hunden? Angst vor Bakterien und Viren?

Schreibe hier deine Angst auf:

 1 Person

 Das hängt von der jeweiligen Angst ab.

UND JETZT:
GEH HINAUS UND STELL
DICH DEINER ANGST.

Streichle einen Hund, der dir Angst macht (natürlich erst, nachdem du dich beim Besitzer oder der Besitzerin versichert hast, dass der Hund das auch mag). Überwinde im Hochseilgarten deine Höhenangst. Wasche dir einmal nicht die Hände, nachdem du einkaufen warst. Fange die schwarze Spinne, die im Keller auf dich lauert, mit einem Becher und einem Blatt Papier und bringe sie nach draußen.

So werde ich mich meiner Angst stellen ✌️:

An diesem Tag habe ich es geschafft: _____

So hat es sich angefühlt: _____

_____

WER WIRD MEERIONÄR?

Bist du bereit für eine Runde „Wer wird Meerionär"?

Entweder spielst du allein – oder gemeinsam mit einem Freund oder einer Freundin. Kämpft mit Fli, Fla, Flu aus, wer moderieren und raten darf.
DIE JOKER: ein Telefonjoker und einmal „googeln".

Seid ihr bereit? Hier sind eure Fragen:

50 EURO

Wie hieß TikTok früher?

A: *musical.ly* **B:** *funny.ly* **C:** *quick.ly* **D:***dance.ly*

100 EURO

Was ist das größte Tier der Welt?

A: *Buckelwal* **B:** *Elefant* **C:** *Blauwal* **D:** *Killerwal*

200 EURO

Welches ist das Social-Media-Netzwerk mit den jüngsten Nutzerinnen und Nutzern?

A: *TikTok* **B:** *Facebook* **C:** *Snapchat* **D:** *Instagram*

1–2 Personen

300 EURO

Was war auf dem ersten Instagram–Post zu sehen?

A: *ein Stück Pizza* **B:** *frisch geschminkte Lippen*
C: *ein Hund* **D:** *ein Strand*

500 EURO

Wie hieß Super Marios erste Freundin?

A: *Pippi* **B:** *Peppa* **C:** *Pauline* **D:** *Peach*

1000 EURO

Wofür wurde die erste Webcam benutzt?

A: *um ein Klo zu überwachen* **B:** *um eine Kaffeemaschine
zu überwachen* **C:** *um ein Gefängnis zu überwachen*
D: *um eine Umkleidekabine zu überwachen*

2000 EURO

Wie viele Bundesländer hat Deutschland?

A: *14* **B:** *15* **C:** *16* **D:** *17*

4000 EURO

Wie alt ist das Spiel Monopoly?

A: *über 20 Jahre* **B:** *über 50 Jahre* **C:** *über 75 Jahre.*
D: *über 100 Jahre*

8000 EURO

Das Internet heißt bei den Inuit „Ikiaqqijjuti".
Was heißt das wörtlich übersetzt?

A: *Fenster zur Welt* **B:** *Ein Schamane reist durch
eine andere Dimension der physischen Welt*
C: *Bunter Farbenwirbelwind* **D:** *Computerzwischennetz*

16.000 EURO

Wie hieß Pac Man ursprünglich?

A: *Puck Man* **B:** *Yellow Man* **C:** *Ghostbuster* **D:** *Smiley*

32.000 EURO

Wie heißt ein männliches Reh?

A: *Rehbock* **B:** *Hirsch* **C:** *Rentier* **D:** *Hengst*

64.000 EURO

Einer der wichtigsten Datenknotenpunkte der Welt steht in Frankfurt. Wie heißt er?

A: *DE-CIX* **B:** *DE-SIX* **C:** *DE-FIX* **D:** *DE-PIX*

125.000 EURO

Was war Super Mario bei seinem ersten Auftritt bei Donkey Kong noch von Beruf?

A: *Metzger* **B:** *Schreiner* **C:** *Klempner* **D:** *Jäger*

500.000 EURO

Wonach wurde Bluetooth benannt?

A: *nach einem nordischen König* **B:** *nach einem japanischen Gemüse* **C:** *nach einem koreanischen Felsen* **D:** *nach einem niedersächsischen Fluss*

1 MILLION

Wie lautet der Vorname von Emirs Mutter?

A: *Sevgi* **B:** *Fatma* **C:** *Ayse* **D:** *Gizem*

1. musical.ly

2. Der Buckelwal kann über 20 Meter lang werden.

3. TikTok hat die jüngsten Userinnen und User.

4. Ein Hund

5. Pauline

6. Eine Kaffeemaschine wurde mit der ersten Webcam überwacht.

7. Deutschland hat 16 Bundesländer.

8. Monopoly ist über 100 Jahre alt.
Schon um 1900 wurde The Landlord's Game – Das Hausbesitzer-Spiel gespielt.

9. Internet heißt „Ein Schamane reist durch eine andere Dimension der physischen Welt".

10. Puck Man – aber diesen Namen hätte man auf den Automaten zu leicht in F… Man ändern können.

11. Das männliche Reh heißt Rehbock.

12. Der wichtigste Knotenpunkt ist der DE-CIX.

13. Super Mario war Schreiner.

14. Der Namensgeber war Harald I. „Blauzahn" Gormsson, König von Dänemark und Norwegen.

15. Sevgi

POWERPOINT-KARAOKE

Du hasst Referate?

Keine Sorge – das hier wird trotzdem ein mega Spaß, denn es geht dabei darum, einen völlig bescheuerten Vortrag zu irgendeinem Thema zu halten, das du vorher noch gar nicht kennst. 🤡

Wie das geht?

Entweder schickt dafür jeder vorher alte Präsentationen an denjenigen, bei dem zu Hause ihr spielt, und es wird für jeden Mitspielenden dann blind eine Präsentation ausgewählt – oder aber ihr sucht im Internet nach Downloads. Inzwischen gibt es zahlreiche Internetseiten, auf denen kostenlose Präsentationen angeboten werden.

Ihr habt gerade keinen PC zur Hand? Kein Problem! Dann haltet sinnfreie Vorträge ganz ohne PowerPoint.

Hier ein paar Themenvorschläge:

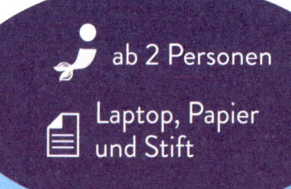

ab 2 Personen

Laptop, Papier und Stift

WARUM MEINE ELTERN SICH KEINE KATZE ANSCHAFFEN SOLLTEN

WIE ICH MEINEN CRUSH ÜBERZEUGEN WERDE, DASS ICH DIE EINE FÜR IHN BIN

DIY: SO WIRST DU ALS INFLUENCERIN ODER INFLUENCER ERFOLGREICH.

WARUM ICH LIEBER EINE MEERJUNGFRAU WÄRE

WIE MAN EIN VERSTOPFTES KLO REPARIERT

Schreibt diese – und andere – Themen auf Zettel und zieht dann jeweils ein Thema, über das ihr sprechen müsst. Du hast keine Ahnung davon?

Umso besser!

WIE ICH EINEN TAG ALS FISCH VERBRINGEN WÜRDE

DIY-SCHLEIM

Egal, wie langweilig dir ist:

Schleim. Hilft. Immer.

Und das brauchst du dafür:

ZUTATEN:

- 1 Flasche **Kleber** (Er sollte wasserlöslich und lösemittelfrei sein und muss PVA enthalten.)

- **Flüssigwaschmittel**

- **Kontaktlinsenflüssigkeit** (Kombilösung; die Inhaltsstoffe Boric Acid/Borsäure und Sodium Borate/Natriumtetraborat müssen enthalten sein.)

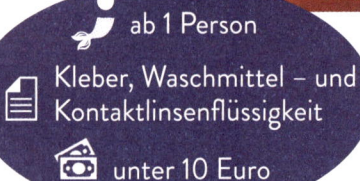

ab 1 Person

Kleber, Waschmittel – und Kontaktlinsenflüssigkeit

unter 10 Euro

UND SO GEHT'S:

Gib den Kleber in eine Schüssel. Wenn du willst, kannst du noch etwas warmes Wasser dazugeben, damit der Schleim flüssiger wird. Gib danach milliliterweise Waschmittel dazu und knete und rühre kräftig, bis die gewünschte Schleimkonsistenz entsteht. Ein Spritzer Kontaktlinsenflüssigkeit (Kombilösung) hilft, damit sich das Ganze besser verbindet.

AUF DIESE ART UND WEISE ENT-STEHT SCHLEIM IN DER FARBE DES WASCHMIT-TELS. WENN DU ES GERNE BUNTER ODER GLITZERND MAGST, KANNST DU WÄH-REND DES ANRÜHRENS NOCH LEBENSMITTEL-FARBE ODER GLIT-ZER DAZUGEBEN.

DEIN STAMMBAUM

Wie hießen eigentlich die Eltern meiner Großeltern? Wie viele Geschwister hat meine Oma und wie viele Tanten und Onkel habe ich? Die eigene Familie ist ganz schön spannend!

Schau doch mal, wie weit du bei deinem eigenen Stammbaum kommst und frag deine Familie, wie viel ihr noch einfällt!

Nutze die Stammbaumvorlage auf der nächsten Seite, um deine Familie und Verwandtschaft einzutragen.

ab 1 Person

Stift

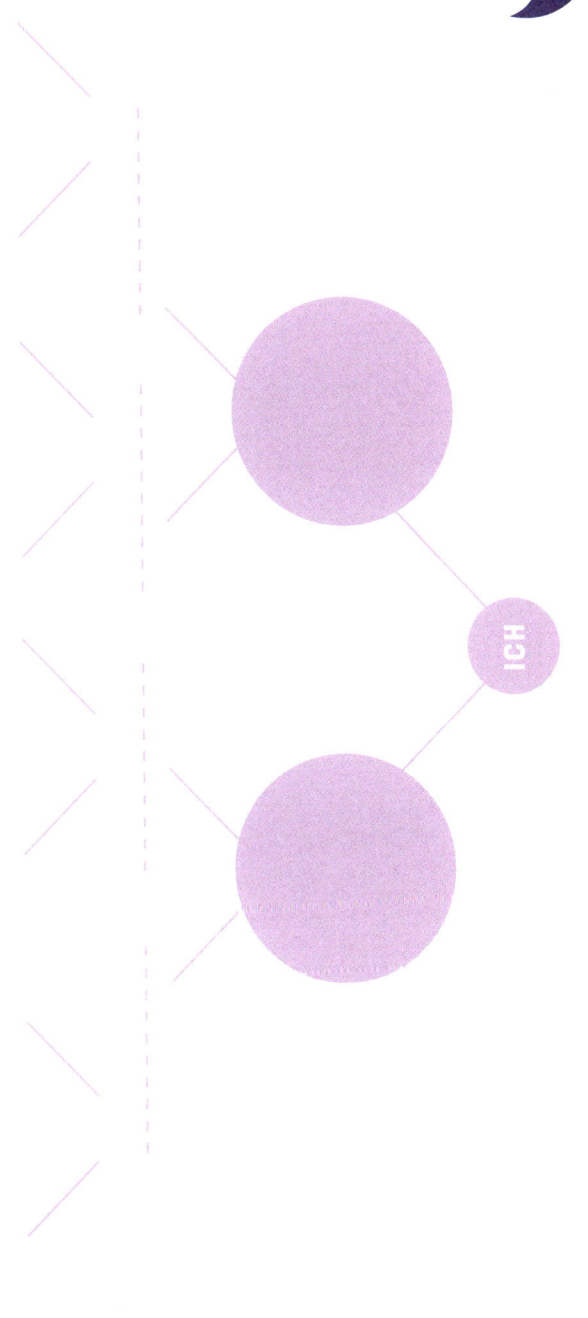

DEINE HANDYHÜLLE

Was benutzt du andauernd?
Richtig, das Handy!
Es ist doch richtig cool, wenn die Handyhülle dann
besonders schön gestaltet ist ...

Wie sieht deine perfekte Handyhülle aus?
Werde kreativ!

1 Person
Stifte

Nie wieder schmutzige **Sneakers**: Weiße Sneakers kannst du super mit weißer Zahnpasta saubermachen – nutze sie statt Schuhcreme einfach mit ein wenig Wasser, dann strahlen deine Schuhe wieder.

Nichts zum **Anziehen**? Sortiere deinen Kleiderschrank neu und lege mal die Teile nach vorne, die sich sonst immer ganz hinten verstecken. So hast du mal wieder eine andere Perspektive und findest vielleicht alte Schätze wieder.

Schwarze **Kleidung** lässt dich schmaler wirken, weiß vergrößert optisch.

Sortiere aus: Platz schaffen kann befreiend wirken und ermöglicht einen frischen Blick. Frag dich bei jedem Teil in deinem Kleiderschrank, wie oft du es eigentlich anhattest und ob du es wirklich oft und mit Freude trägst.

EMIR

Super nervig: **Kaugummi** in den Klamotten. Gott sei Dank geht der ganz einfach wieder raus: Lege einen Eiswürfel darauf oder lege das betroffene Kleidungsstück direkt in den Tiefkühler – nach ein paar Minuten lässt sich der Kaugummi einfach ablösen.

Keine Lust auf **Bügeln**? Versuch mal, ein zerknittertes Kleidungsstück ins Badezimmer zu hängen, während du heiß duschst. Der Dampf lässt die Falten verschwinden.

Wenn der **Reißverschluss** mal wieder klemmt: Reibe etwas Vaseline über die betroffene Stelle (nicht zu viel), dann lässt sich der Reißverschluss wieder ganz leicht öffnen und schließen.

Lust auf neue Klamotten, aber **zu wenig Geld**? Deinen Freundinnen und Freunden geht es bestimmt genauso: Versucht es mal mit einer Kleidertauschparty. Auf S. 184 findet ihr dazu noch ein paar Ideen.

IDEEN UND CHALLENGES FÜR GAAAAAAAANZ VIEL ZEIT

ZEITKAPSEL

So eine Zeitkapsel versteckt man am besten in den
Mauern oder Fundamenten eines Hauses. Falls deine
Eltern also gerade bauen oder bei dir in der Schule
Umbauarbeiten laufen, ist das die perfekte Gelegenheit,
um eine Zeitkapsel zu hinterlegen.

Eine Zeitkapsel ist ein Gruß aus der Vergangenheit in
die Zukunft. Fülle sie also mit Dingen, die nicht so
schnell kaputtgehen – und von denen du denkst, dass sie
für die Menschen in der Zukunft interessant sind.··
Das können Zeitungsausschnitte, aber auch Bilder
oder Tagebücher sein. Wenn du die Zeitkapsel eher
für dich anlegst, darf auch ein altes Kuscheltier
in die Kapsel wandern.

Gründlich verschließen – und ab damit in
die Wand oder den Boden. Ansonsten tut es
natürlich auch die hinterste Ecke deines
Kleiderschranks.

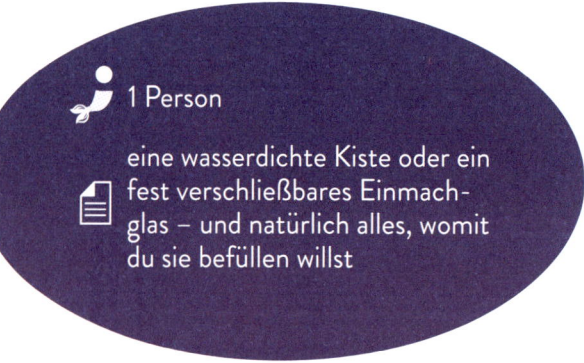

1 Person

eine wasserdichte Kiste oder ein
fest verschließbares Einmach-
glas – und natürlich alles, womit
du sie befüllen willst

Hier kannst du schon mal aufschreiben,
was alles in deine Kapsel gehört!

AUCH WENN BEI DIR GERADE NICHT GEBAUT WIRD, KANNST DU EINE ZEITKAPSEL HINTERLASSEN – ZUM BEISPIEL, INDEM DU SIE IRGENDWO VERGRÄBST. IN DIESEM FALL IST ES ABER BESONDERS WICHTIG, DASS DIE KAPSEL AUCH WASSERDICHT IST.

SPIELE-NACHMITTAG

Erinnerst du dich daran, als du noch kein Handy oder Tablet hattest? Was hast du an einem richtig regnerischen Tag eigentlich gemacht? Wenn es viel zu kalt und zu nass war, um auch nur eine Viertelstunde nach draußen zu gehen?

Kommst du drauf?

Ja! Genau! Spielenachmittage – mit Mensch ärgere dich nicht, Mau-Mau, Monopoly, Cluedo, Kniffel, Rommé oder was bei dir in der Familie so zu den Spieleklassikern gehört.

Wirf einen Blick in den Spieleschrank und schau nach, welche Spiele du schon seit Ewigkeiten nicht mehr gespielt hast – und überrede dann deine Familie oder Freundinnen und Freunde, mit dir den ganzen verregneten Tag hindurch zu spielen …

👤 ab 2 Personen

📄 gaaanz viele Brett- und Kartenspiele

KINDERFOTOS MAL ANDERS!

Diese Idee hilft doppelt gegen Langeweile, denn der erste Schritt besteht darin, laaange in alten Fotoalben zu blättern, um alte Fotos zu finden, die ihr nachstellen könnt.

Sucht sämtliche Materialien zusammen, die ihr braucht, um das Bild so originalgetreu wie möglich hinzubekommen. Ein altes Dreirad? Ein Schnuller? Ein Strampler? Je näher ihr am Vorbild seid, desto lustiger ist das Ergebnis!

Und dann? Los geht's zum Fotoshooting!

IHR KÖNNT NATÜRLICH AUCH LUSTIGE BILDER VON EUREN ELTERN ODER GROSS-ELTERN NACH-STELLEN!

ab 2 Personen

ein Handy – außerdem die Dinge, die ihr braucht, um das Bild nachzustellen

FILM AB

Ins Kino gehen ist super, aber einen eigenen Film zu drehen (oder zumindest darüber nachzudenken) ist noch mal was ganz anderes.

Schreibe alle Ideen für deinen Film auf und wenn du Lust hast, kannst du die ersten Szenen direkt mit deinen Freundinnen und Freunden drehen.

Diese Fragen können dir am Anfang helfen:

Welches Genre hat dein Film?

Wer spielt den Hauptdarsteller?

Wer spielt die Hauptdarstellerin?

Wer ist der Bösewicht?

Wo spielt der Film?

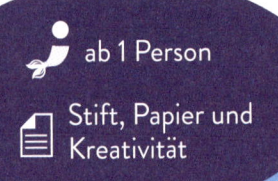

ab 1 Person

Stift, Papier und Kreativität

UND WELCHE ROLLE SPIELT EMIR?

Wie sieht die erste Szene aus?

Gibt es ein Happy End? Wie sieht es aus?

JA ZU ALLEM

Diese Idee ist einfach und schwer zugleich.··

Du darfst einen Tag nicht „Nein" sagen – und dabei geht es nicht nur um das Wort an sich. Du darfst auch niemandem etwas abschlagen. Egal ob nun jemand darum bittet, dass du ihm bei den Hausaufgaben hilfst, deine Mama dich auffordert, den Geschirrspüler auszuräumen, oder deine Oma dich fragt, ob du noch ein Stück von dem trockenen Stollen mit gaaanz vielen Rosinen willst.

„Nein" gibt es für dich heute nicht.

Die anderen werden begeistert sein – aber du auch?

KEINE SORGE, SO EIN TAG GEHT SCHNELL VORBEI, ALSO RELATIV SCHNELL. 🤡

1 Person

WORT-VERBOT

Nicht „Nein" zu sagen, geht dir ein bisschen zu weit?

Dann einige dich mit der Person, die mit dir spielt auf ein – oder auch mehrere Worte –, die ihr nicht verwenden dürft. Das können Namen sein, aber auch ganz alltägliche Begriffe wie „Salzstreuer" oder „Bitte".

Verstößt einer von euch dagegen, gibt es eine „Strafe". 🤐 Die kann richtig gemein sein (zum Beispiel etwas Peinliches posten) oder nur ein bisschen (dem anderen eine Massage verpassen).

FAST NOCH LUSTIGER: LEGT THEMEN FEST, ÜBER DIE IHR NICHT SPRECHEN DÜRFT. DAS GILT AUCH, WENN JEMAND, DER KEINE AHNUNG VON EURER CHALLENGE HAT, EUCH AUF EIN BESTIMMTES THEMA ANSPRICHT. IN DIESEM FALL DÜRFT IHR NUR AUSWEICHEND ANT-WORTEN – ODER IHR WERDET BESTRAFT!

ab 2 Personen

UPCYCLING

WEIßT DU, WIE DU AUS EINEM LANGWEILIGEN TAG EINEN TOLLEN TAG MACHST? INDEM DU AUS ETWAS ALTEM ETWAS GANZ NEUES, GROßARTIGES MACHST.

Du hast keine Ahnung, wie das gehen soll?

Zum Beispiel kannst du aus einem alten T-Shirt eine total coole Tragetasche nähen – oder aber für deine jüngeren Geschwister Puppenkleidung basteln.

Aus alten Zeitungen kannst du Tüten falten, die du dann für kleine Geschenke verwenden kannst.

Und aus alten Gurkengläsern werden tolle Windlichter, indem du sie mit buntem Transparentpapier beklebst oder eine dicke braune Jutekordel herumwickelst.

👤 ab 1 Person

📄 altes Zeug, zum Beispiel ausrangierte T-Shirts, alte Zeitungen, alte Einmachgläser, außerdem Schere, Nadel und Faden, buntes Transparentpapier und Kleber

Mach eine Tour durchs Haus – du wirst sicherlich
einige Alltagsgegenstände finden,
die du total gut pimpen kannst.

ANDERE NENNEN DAS
UPCYCLING – ICH
NENNE ES: ALLTAGS-
GEGENSTÄNDE PIMPEN!

WHAT'S IN THE BOX?

Schnappe dir eine Kiste und mache einen Streifzug durchs Haus. Wirf alle möglichen Kleinigkeiten in die Kiste. Eine Schachtel Streichhölzer, ein Gummiband, einen Flummy, eine Büroklammer, einen Massageball, einen Kronkorken ...

Bedecke nun die Kiste mit einem Tuch – und los geht's. Rufe eine Freundin, einen Freund, deinen Bruder oder deine Schwester oder deine Eltern herbei. Sie dürfen jetzt nämlich raten, was in der Kiste ist – und zwar indem sie eine Hand unter das Tuch in die Kiste stecken und fühlen.

WENN DU WILLST, KANNST DU DIESES SPIEL AUCH MIT „RIECHEN" SPIELEN. BEFÜLLE KLEINE DÖSCHEN ODER FLÄSCHCHEN MIT GEWÜRZEN ODER FLÜSSIG-KEITEN. DIE ANDEREN MÜSSEN AM GERUCH ERKENNEN, WAS DAS IST.

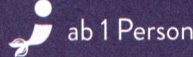 ab 1 Person

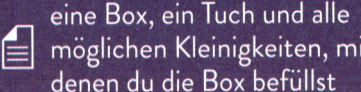 eine Box, ein Tuch und alle möglichen Kleinigkeiten, mit denen du die Box befüllst

COCKTAIL-PARTY

Und zwar nicht irgendeine – sondern eine Motto-Cocktail-Party. Was das bedeutet? Ganz einfach: Aufgabe jedes Gastes ist es, einen dazu passenden, alkoholfreien Cocktail zu kreieren.

Ein Beispiel?

Das Motto lautet „Minions"!

Einer von euch denkt sich einen Cocktail aus, der so gelb und witzig ist wie die Minions. Der nächste Cocktail ist so dunkel und bitter wie Gru, der nächste so fröhlich und süß wie Agnes.

> DIE VORGABE IST DIR EIN BISSCHEN ZU ENG? DANN MACHT DOCH „FILM UND FERNSEHEN", „MARVEL" ODER „DISNEY-PRINZES-SINNEN" ZUM THEMA EURER COCKTAIL-PARTY!

ab 2 Personen

Gläser; alles, was du an Trinkbarem im Haus hast; außerdem Streusel, Schirmchen und Strohhalme

AB INS LABOR –

PFLANZEN-SCHWEIß UND LUFTVER-SCHMUTZUNG

Klingt eklig, ist aber ziemlich cool und beschäftigt dich bei der Beobachtung über einen langen Zeitraum hinweg.

VERSUCH 1:

Pflanzenschweiß

Pflanze, Plastiktüte und Schnur

Nimm dir eine kleine Plastiktüte, ziehe sie über das Blatt einer Zimmerpflanze und binde die Tüte luftdicht mit einer Schnur fest. Pass dabei auf, dass du die Pflanze nicht verletzt. Beobachte die Pflanze nun über die nächsten Stunden hinweg. Je nach Jahreszeit bilden sich über kurz oder lang kleine Wassertröpfchen in der Tüte. Die Pflanze schwitzt nämlich – genauso wie wir Menschen auch.

 ab 1 Person
 Siehe die Angaben bei den jeweiligen Versuchen!

VERSUCH 2:

Luftverschmutzung

 ein rechteckiges Blatt Papier

Lege das Blatt quer vor dich. Die längere Seite zeigt zu dir. Schneide das Blatt nun auf der langen Seite so ein, dass sieben Streifen entstehen. Du schneidest dabei jeweils etwa bis zur Mitte des Blatts, sodass die Streifen noch miteinander verbunden sind. Lege das Blatt nun außen aufs Fensterbrett. Beschwere es am besten mit ein paar Steinen, damit das Blatt nicht wegfliegen kann. Knicke nach jedem Tag einen der Streifen nach unten, sodass die Luft nicht mehr hinkommt. Nach einer Woche hast du alle Streifen umgeknickt. Und jetzt kannst du kontrollieren.

Vergleiche den letzten Streifen, der eine Woche lang der Luft ausgesetzt war, mit dem, der nur einen Tag an der Luft war. Siehst du einen Unterschied? Falls nicht, ist das auch nicht schlimm, es zeigt eher, wie toll die Luftqualität bei dir in der Gegend ist.

PIMP YOUR CLOTHES –

SCHNEIDEN UND SCHNEIDERN

Und was stellst du mit den Sachen an, die keiner von euch mehr haben möchte?

Aus einer hässlichen Shorts werden durch den richtigen Einsatz einer Schere coole Hotpants. Und das ausgeleierte T-Shirt sieht in bauchfrei eigentlich gar nicht mehr so schlecht aus, oder?

Spiele damit herum, probiere dich selbst als Designer aus. In den Kleidersack stecken kannst du die Sachen danach immer noch.

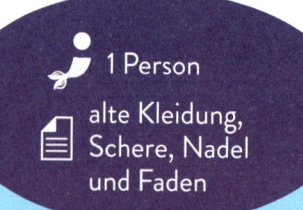

1 Person

alte Kleidung,
Schere, Nadel
und Faden

RANDOM COOKING

Verabredet euch zum Kochen – ohne vorher auszumachen, was ihr kochen wollt. Jeder bringt einfach mit, was er daheim im Kühl– oder Vorratsschrank findet und was ihm oder ihr irgendwie sinnvoll vorkommt.

Und dann?

Dann wird gekocht. Random. 🤡

Ihr entscheidet selbst, wie weit ihr gehen wollt.

Grüne Bohnen mit Nutellasoße?
Wem's schmeckt ...

Wichtig ist nur: Es darf nichts weggeworfen werden – achtet also darauf, dass ihr euch vor eurem eigenen Essen nicht allzu sehr ekelt.

Und das gab's:

_____

_____

GUTEN APPETIT!

 ab 1 Person

 was ihr so an Essbarem im Haus habt

STORY TIME

MELISA UND AYSE

Also wie wir alle wissen, ist Melisa die schlauere von den beiden Besties. 😛😌

Ayse hat dafür lange Haare–#ExtensionQueen–, mehr aber dann auch nicht, HAHA. Aber ist das nicht immer so?

Eine ist schlauer, aber dafür ist die andere lustiger. UND DIESE KOMBI IST HALT EINFACH BOMBE! 🤓 Das sind dann die Freundschaften, bei denen du weißt: Das ist mein Girl. 💅😂

Aber eigentlich voll krass – das Einzige, was ähnlich an ihnen ist, sind die Nägel– #klammern–, die wir alle lieben. 🫣 Ansonsten sind die echt voll verschieden, ABER sie halten zusammen. Boah, ich schwöre, dieser Text war so emotional, HAHA! Schreib mal genau jetzt deiner Melisa oder Ayse eine WhatsApp-Nachricht mit „Ich mag dich, aber fühl dich jetzt nicht krass!". 🤡❤️

ADVENTSKALENDER
AUSSERHALB DER SAISON

Klar, Weihnachten ist toll. Aber Weihnachten ist einen Großteil des Jahres ganz schön weit weg. Wie gut, dass es noch andere Festtage gibt, auf die man sich freuen kann:

**Ostern zum Beispiel,
Geburtstag,
Beginn der Sommerferien.**

Vielleicht haben du und deine oder dein BFF ja auch einen Jahrestag? Oder gibt es ein festes Datum – zum Beispiel den 1. Mai –, an dem ihr immer irgendetwas Tolles unternehmt und worauf ihr euch immer riesig freut?

Bastle, um die Vorfreude auf so einen Tag so richtig auszukosten, einen Adventskalender für deine oder deinen BFF.

Das kann einfach nur ein Blatt Papier sein, auf dem er oder sie Kästchen abhaken muss – oder ein richtiger Geschenke-Adventskalender, bei dem jeden Tag eine kleine Überraschung auf ihn oder sie wartet. Süßigkeiten, kleine Geschenke ... dir fällt schon etwas ein!

1 Person

24 Tütchen oder Boxen, die du mit netten Kleinigkeiten befüllst

IDEEN:

_____

_____

_____

_____

_____

_____

ODER JEDEN TAG EIN
NETTES KOMPLIMENT?
„DAS FINDE ICH TOLL
AN DIR ..."

SCHATZSUCHE

Es gibt viele Möglichkeiten,
eine Schatzsuche vorzubereiten. ••

Die einfachste ist, irgendwo einen Schatz zu
verstecken und einen Plan zu malen, den du dem
Schatzsucher oder der -sucherin irgendwie zuspielst – zum
Beispiel, indem du ein Foto davon schickst oder die Karte
unter der Zimmertür durchschiebst. Und er oder sie muss
den Schatz dann nur noch finden.

Witziger finde ich jedoch die Schnitzeljagd–Schatzsuchen,
bei denen man immer wieder neue Hinweise bekommt –
und auch Aufgaben erfüllen muss. 🤡

UND DAS
BESTE IST: DAS
GANZE FUNKTIONIERT
AUCH GROSSARTIG BEI
SCHLECHTEM WETTER. DU
MUSST DIE ZETTEL NUR
IM HAUS VERSTECKEN. DIE
WEGE WERDEN SO KÜR-
ZER. DER SPASS IST
ABER NOCH GENAU-
SO GROSS!

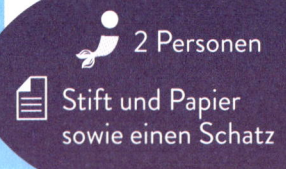

2 Personen

Stift und Papier
sowie einen Schatz

So ein Zettel enthält erst eine Aufforderung – auch ein Rätsel ist möglich – und dann einen Hinweis auf den nächsten Zettel. Hier ein Beispiel:

Bist du bereit für eine Schatzsuche? Dann schreie, so laut du kannst, aus dem Fenster: „WO IST MEIN SCHATZ?" Den nächsten Zettel findest du an der Bushaltestelle.

Für deine Schatzsuche brauchst du etwa fünf bis zehn solcher Zettel – je nachdem, wie schwierig die Aufgaben und die Verstecke sind und wie weit voneinander entfernt die Zettel versteckt sind.

Als Schatz eignen sich Süßigkeiten – oder du nutzt die Schatzsuche an einem Geburtstag als ganz besondere Form der Geschenkübergabe.

TIKTOKS DREHEN

Aber wisst ihr, was meine absolute Lieblings–Idee ist,
wenn mir langweilig ist?

Ich drehe TikToks – und du kannst das auch!

Hier meine liebsten Tipps:

BENUTZE IMMER HINTER-GRUNDMUSIK, WENN ES EIN „LABER-VIDEO" IST, DAMIT DAS VIDEO SPANNEN-DER ANZUGUCKEN IST.

ACHTE AUF DAS RICHTIGE – UND VOR ALLEM AUSREICHENDES – LICHT! AM BESTEN WERDEN TIKTOKS IMMER BEI TAGES-LICHT.

AM BES-TEN DAS HANDY BEIM FILMEN IMMER HOCHKANT HALTEN!

BEI SONG ODER SOUND-CHALLENGES: LERNE DIE TEXTE VORHER GUT AUSWENDIG – SO KANNST DU DICH VIEL BESSER AUF DICH UND DEINE BEWEGUNGEN KON-ZENTRIEREN UND ES WIRKT VIEL COOLER, WENN DU DEINE LIPPEN SYNCHRON ZUM TEXT BEWEGEN KANNST.

BENUTZE SOUNDS, DIE GRADE IM TREND SIND.

UND DAS ALLERWICH-TIGSTE: HAB SPAß UND SEI GANZ DU SELBST. SO SIND DEINE TIKTOKS AUTHENTISCH UND ZEIGEN, WER DU BIST – UND DARAUF KOMMT'S DOCH AN. :)

ab 1 Person

Handy

ÜBERNACHTUNGS-PARTY

Klar kann man bei
einer Übernachtungsparty einfach ...
beieinander übernachten. Noch lustiger ist es aber,
wenn ihr euch ein paar witzige Challenges von dieser
Checkliste aussucht.
Da kommt ganz sicher keine Langeweile auf ...

CHECKLISTE FÜR EURE ÜBERNACHTUNGSPARTY

- [ ] Kissenschlacht
- [ ] Schlafanzugtausch
- [ ] Einen Horrorfilm anschauen
- [ ] Gegenseitig schminken
- [ ] Gegenseitig die Haare machen
- [ ] Unter der Bettdecke quatschen
- [ ] Gegenseitig Fußnägel lackieren
- [ ] Witzige Videos posten
- [ ] Von eurem Crush schwärmen
- [ ] Pizza für einen Kumpel bestellen, der davon nichts weiß
- [ ] Wahrheit oder Pflicht spielen
- [ ] Nachts den Kühlschrank plündern

 ab 2 Personen

Das hängt davon ab, für welche Challenges ihr euch entscheidet.

KINDER AN DIE MACHT

Die perfekte Idee gegen Langeweile im Urlaub. Überrede deine Eltern, dass heute nicht sie entscheiden dürfen, was gespielt, gegessen, wohin gegangen wird, sondern dass du oder, falls du Geschwister hast, ihr das heute übernehmt.

Frühstück erst um 11 Uhr?

Dein Lieblingsessen zum Mittag- und zum Abendessen?

Dazwischen schön an den Strand und absolut nichts tun –
also außer eine Runde Catchen im Wasser?

Davon lassen sich möglicherweise
auch deine Eltern überzeugen …

UND NICHT
VERGESSEN:
JEDE STUNDE
EIN EIS …

 ab 2 Personen

DIE KINDER HABEN ENTSCHIEDEN, DASS ...:

_____

_____

_____

_____

_____

_____

KLEIDERTAUSCH-PARTY

Geh an deinen Kleiderschrank und sortiere aus:

Was ist kaputt?
Was passt nicht mehr?
Was gefällt dir nicht mehr?

SCHRITT 1

Was ist kaputt? Ab damit in den Restmüll.

SCHRITT 2

Was passt nicht mehr? Ab damit in eine Tüte.

SCHRITT 3

Was gefällt dir nicht mehr? Ebenfalls ab in die Tüte.

SCHRITT 4

Ab zu deiner Freundin oder deinem Freund und jetzt gibt's eine Kleidertauschparty oder einen Catwalk mit euren schlimmsten aka lustigsten Outfits.

SCHRITT 5

Was nach dem Kleidertausch noch an Klamotten übrig bleibt, kannst du in die Altkleidersammlung geben.

ab 2 Personen

aussortierte Kleidung

TAUSCHEN FUNKTIONIERT ÜBRIGENS AUCH MIT ANDEREN DINGEN: BÜCHERN, BETTWÄSCHE, ALTEN SPIELSACHEN. PROBIERT ES AUS!

ROLLENTAUSCH

Tausche für einen Tag – oder zumindest mehrere Stunden – die Rollen mit deinem Freund oder deiner Freundin. Gib deine neue Figur so überzeugend wie möglich – mit all ihren liebenswerten Schwächen – und lache über deine eigenen Macken, die dir so vor Augen geführt werden.

Lausche genervt, während sie nur von ihrem Crush schwärmt.

Schüttle den Kopf über die unwitzigen Flachwitze deines Freundes.

Trinke den ganzen Tag nur Cola light.

Sei du plötzlich der ewige Zu-spät-Kommer, während dein Freund dich dauernd antreibt!

NOCH LUSTIGER: TAUSCHE DIE ROLLEN MIT DEINEN ELTERN ODER MIT JEMANDEM, DER ODER DIE KOMPLETT ANDERS IST ALS DU!

2 Personen

EXPERIMENTE, EXPERIMENTE

Probier einfach mal aus, was dir (oder euch – zusammen experimentieren ist noch lustiger) Spaß macht. Man kann sogar was dabei lernen. 🤡

ZAUBERLÖFFEL

1 TL Salz
1 TL fein gemahlenen Pfeffer
1 Plastiklöffel
Wollstoff – z. B. einen
Pullover aus Wolle

Kann man Salz und Pfeffer wieder trennen, wenn sie einmal vermischt sind? Ja, kann man!

Und so geht's:

Salz und Pfeffer gut miteinander vermischen. Den Plastiklöffel kräftig an dem Wollstoff reiben und dann mit ein wenig Abstand über das Salz–Pfeffer–Gemisch fahren… und schau mal, was dann passiert!

Durch das Reiben an dem Wollstoff hat sich der Löffel für kurze Zeit elektrostatisch 🤓 aufgeladen und wirkt dadurch leicht anziehend. Weil die Pfefferkörner leichter als das Salz sind, werden sie zuerst vom Löffel angezogen, wenn du ihn über das Salz-Pfeffer-Gemisch gleiten lässt!

 ab 1 Person

 Schau bei den jeweiligen Experimenten!

1 Glas, 1 Teller und 1 wasserdichte Unterlage z. B. 1 Tablett
Alufolie, Klebeband, Schere
3 Päckchen Backpulver
Etwas Spülmittel
1 halbes Glas Essig
1 halbes Glas Wasser
Lebensmittelfarbe oder Wasserfarbe

Und so geht's:

Baue zuerst den Vulkan:

Stelle den Teller auf die wasserfeste Unterlage und klebe das leere
Glas mit dem Klebeband in der Mitte fest. Bedecke Teller und
Glas komplett mit Alufolie und klebe die Ränder unter dem Teller
fest. Schneide an der Öffnung des Glases ein Loch in die Alufolie
und klappe die Ränder nach innen ins Glas.

Bringe den Vulkan zum Ausbruch:

Kippe das Backpulver in das frei geschnittene Glas – das ist dein
Vulkan. Mische den Essig mit der Lebensmittel- oder Wasserfarbe
und dem Wasser und füge noch einige Tropfen Spülmittel dazu.
Kippe das farbige Gemisch in den Vulkan und lass ihn ausbrechen!
Das Natron im Backpulver reagiert mit der Säure im Essig und
durch das Spülmittel wird alles noch zusätzlich zum Schäumen
gebracht. Der Platz im Glas wird dadurch zu eng für die Mischung
und der Vulkan „bricht aus". 🤓

KERZE UNTER WASSER

Plastikwanne
Wasser
Teelichter und Feuerzeug oder Streichhölzer
1 hohes, schmales Glas

Und so geht's:

Fülle die Plastikwanne mit Wasser und setze angezündete Teelichter
auf das Wasser (Vorsicht mit dem Feuerzeug, lass dir vielleicht von
einem Erwachsenen helfen!). Stülpe nun das Glas über das Teelicht
und drücke es unter Wasser. Die Flamme geht nicht aus! 🤡 Die
Luft unter dem Glas wird nämlich durch die Flamme ausgedehnt
und dadurch wird der Wassereintritt verhindert.

TAUSCHBOX

Hast du schon mal eine Tauschbox
für einen Freund oder eine Freundin gemacht?

Noch nie gehört?

Das geht ganz einfach – und zwar so:

Einigt euch vorab auf ein Preislimit. Mit diesem Budget stellt
ihr dann ein Tauschpaket für die andere Person zusammen,
mit netten Kleinigkeiten und Dingen, die Freude machen.

2 Personen

alles, was euch einfällt
und ins Budget passt

Was es ein bisschen schwieriger, aber auch sehr viel lustiger macht, ist, wenn ihr vorher Regeln oder Kategorien festlegt! 🤡

Die könnten zum Beispiel sein:

EIN PRODUKT MUSS WIE DER ODER DIE ANDERE RIECHEN.

MINDESTENS EIN TEIL MUSS IN DER LIEBLINGS-FARBE DER AN-DEREN PERSON SEIN.

ALLE PRODUK-TE MÜSSEN MIT DEM GLEICHEN BUCHSTABEN AN-FANGEN.

KEIN PRODUKT DARF MEHR ALS 1 EURO KOSTEN.

Welche Regeln fallen euch ein?

24 STUNDEN VATER ODER MUTTER

In den USA kriegen Teenager ja angeblich Babypuppen mit nach Hause, die schreien und in die Hose machen, um die Schülerinnen und Schüler abzuschrecken, damit sie nicht zu früh Kinder bekommen. 🤡

In meiner Schule gab's so etwas nicht. Aber hast du trotzdem Lust, auch einmal 24 Stunden lang Vater oder Mutter zu sein?

Besorge dir eine Babypuppe von deinen jüngeren Geschwistern – zur Not tut es auch ein rohes Ei, mit dem du nur so tust als ob ...

Aber was machst du genau damit?

HINWEIS:

Wenn du keine Babypuppe, sondern nur ein Ei hast, dann tust du einfach nur so, als würdest du es füttern, wickeln, umziehen ... Und vorsingen kannst du ihm problemlos.

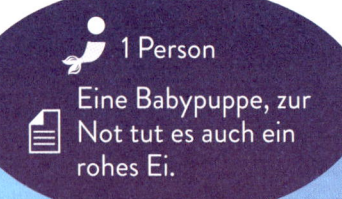

1 Person

Eine Babypuppe, zur Not tut es auch ein rohes Ei.

ANLEITUNG FÜRS „BABY"

1. Du lässt das Baby nie allein. Nimm es überall hin mit. Auch wenn du auf die Toilette gehst.

2. Das Baby langweilt sich, wenn du dich nicht mit ihm beschäftigst. Schaue Bücher mit ihm an, guckt aus dem Fenster und zählt Autos.

3. Das Baby muss alle zwei bis drei Stunden gefüttert werden.
Ja, auch in der Nacht!
Stelle dir also einen Wecker!

4. Das Baby muss nach jedem Essen gewickelt werden.

5. Das Baby muss nach jedem Essen umgezogen werden, weil immer gekleckert, gerülpst, gekotzt wird.

6. In der Nacht wacht das Baby mindestens einmal zusätzlich zu den Fütterungen auf und kann nicht mehr einschlafen. Laufe deshalb eine halbe Stunde mit ihm auf und ab und singe ihm vor.

PROBL

Du schläfst einfach immer weiter, obwohl dein **Wecker** klingelt? Ändere den Klingelton regelmäßig, bevor du dich zu sehr daran gewöhnt hast!

Kabelsalat? Die 1000 unterschiedlichen Ladekabel, die man zu Hause so rumfliegen hat, kannst du leicht in leeren Toilettenpapierrollen ordnen. Einfach die Kabel aufgewickelt in die leeren Rollen sortieren und so übersichtlich verstauen. Du kannst die Klopapierrolle sogar beschriften, dann verwechselst du nichts.

Kleine Aufmerksamkeiten erhalten die **Freundschaft**: Mach einfach mal was nettes für deine Liebsten – bring ungefragt ihren Lieblingsschokoriegel mit oder biete deine Hilfe an.

Achtung **Rutschgefahr**! Bei neuen Schuhen sind die Sohlen ja oft noch sehr glatt. Geh ein paarmal mit einer ganz normalen Nagelfeile über die Unterseite, dann kann nichts mehr passieren. Wenn es ganz schnell gehen muss, hilft auch Haarspray, das einfach auf die Sohle gesprüht wird.

EMIR

Kerzen sind schön, aber **Wachsflecken** sind super nervig, egal ob auf Klamotten oder dem Sofa. Gott sei Dank wirst du sie ganz einfach wieder los: Lege etwas Küchenrolle auf den Fleck und gehe dann vorsichtig mit dem Bügeleisen darüber. So ziehst du den Wachs wieder aus dem Stoff.

Die **Musik** ist nicht laut genug? Stell dein Handy oder die Box in einen Topf oder einen Becher, so schallt es besser und die Musik wird lauter.

Das traurige an richtig schönen **Blumensträußen**? Sie verwelken viel zu schnell. Aus deinem liebsten frischen Strauß kannst du ganz einfach einen Trockenstrauß machen, der richtig lange hält: Nimm den frischen Strauß rechtzeitig aus dem Wasser, bevor er verblüht. Sprüh ihn mit Haarspray ein und lass ihn über Kopf hängend komplett trocknen. So hast du richtig lange einen schönen Anblick.

Deine **Handyhülle** ist kaputt und du brauchst schnell Ersatz. Blase einen Luftballon auf (nicht zuknoten!) und drücke das Handy ganz fest darauf. Die Luft muss dabei langsam aus dem Ballon entweichen. Man muss es ein bisschen ausprobieren, aber wenn es klappt, hast du so ganz schnell und unkompliziert eine neue Hülle.

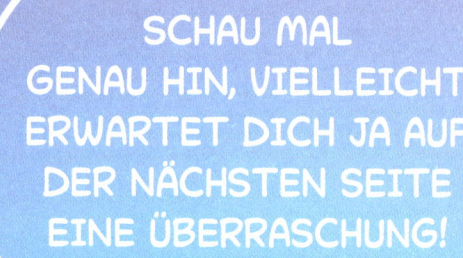

MEINE LIEBLINGS-MENSCHEN

NAME: EMIR-HAN BAYRAK

MEINE FREUND'INNEN NENNEN MICH: EMIR

MEIN GEBURTSTAG IST AM:

25.4.2002

SO GROß BIN ICH:

1,70 M

DAS IST MEINE AUGENFARBE:

DAS SIND MEINE SOCIAL-MEDIA-ACCOUNTS: <u>EMIRBYR</u> EMIIRBAYRAK EMIIRBAYRAK

DAS IST MEIN LIEBLINGSTIER: **HUND**

SPAß, HAB ANGST! 🤡 GLAUB DELFIN, HAHA!

MEIN LIEBLINGSSONG IST:
COOL FOR THE SUMMER –
DEMI LOVATO

DAS IST MEIN LIEBLINGSFILM:
HALT ECHT H$_2$O UND DIE EISKÖNIGIN, HAHA. ABER ICH LIEBE FILME UBER HAIE WARUM AUCH IMMER ...

DAS MACHE ICH AM LIEBSTEN MIT MEINEN FREUND'INNEN:

ZUM BURGER KING DRIVE THRU FAHREN

UND DANN IM AUTO ESSEN 😍

DAS IST MEIN LIEBSTER ACCOUNT AUF TIKTOK:

EMIIRBAYRAK 😛😂

MEIN'E LIEBLINGS-YOUTUBER'IN IST:
GLAUB AUCH DA IST EMIIRBAYRAK ECHT COOL 🤓🤡

DAS IST MEIN GRÖBTER WUNSCH:

DASS MEINE FAMILIE IMMER GESUND BLEIBT!

NAME: BENJAMIN MARCONI

MEINE FREUND'INNEN NENNEN MICH:
BENNI

MEIN GEBURTSTAG IST AM:
11.06.10

SO GROB BIN ICH:
...63

DAS IST ... AUGENFARBE:

DAS SIND MEINE SOCIAL-MEDIA-ACCOUNTS:
...alter ..T Account
...enni... _____ - _____

DAS IST MEIN LIEBLINGSTIER:
HUND
DELFIN LOWE
PFERD

MEIN LIEBLINGSSONG IST:

HOTEL-
LAWSY

DAS IST MEIN LIEBLINGSFILM:

Muho, H2O,

DAS MACHE ICH AM LIEBSTEN MIT MEINEN FREUND'INNEN:

IN DIE STADT
GEN

DAS IST ME. R A K.

EMIRB. A

MEIN'E LIEB INGS-YOU. :

Glas auch E RBAYRAK

DAS IST MEIN GRÖßTER WUNSCH:

Das es
Familie und
Freunde
geht gut

NAME:

MEINE FREUND'INNEN NENNEN MICH:

MEIN
GEBURTSTAG IST AM:

SO GROß BIN ICH:

DAS IST MEINE AUGENFARBE:

DAS SIND MEINE SOCIAL-
MEDIA-ACCOUNTS: _____ _____ _____

DAS IST MEIN
LIEBLINGSTIER:

MEIN LIEBLINGSSONG IST:

DAS IST MEIN LIEBLINGSFILM:

DAS MACHE ICH AM LIEBSTEN MIT MEINEN FREUND'INNEN:

_____

_____

 **DAS IST MEIN LIEBSTER ACCOUNT AUF TIKTOK:**

MEIN'E LIEBLINGS-YOUTUBER'IN IST:

DAS IST MEIN GRÖßTER WUNSCH:

NAME:

MEINE FREUND'INNEN NENNEN MICH:

MEIN
GEBURTSTAG IST AM:

SO GROß BIN ICH:

DAS IST MEINE AUGENFARBE:

DAS SIND MEINE SOCIAL-
MEDIA-ACCOUNTS: _____ _____ _____

DAS IST MEIN
LIEBLINGSTIER:

MEIN LIEBLINGSSONG IST:

DAS IST MEIN LIEBLINGSFILM:

DAS MACHE ICH AM LIEBSTEN MIT MEINEN FREUND'INNEN:

_____

_____

♪ **DAS IST MEIN LIEBSTER ACCOUNT AUF TIKTOK:**

▶ **MEIN'E LIEBLINGS-YOUTUBER'IN IST:**

DAS IST MEIN GRÖßTER WUNSCH:

NAME:

MEINE FREUND'INNEN NENNEN MICH:

MEIN
GEBURTSTAG IST AM:

SO GROß BIN ICH:

DAS IST MEINE AUGENFARBE:

DAS SIND MEINE SOCIAL-
MEDIA-ACCOUNTS: _____ _____ _____

DAS IST MEIN
LIEBLINGSTIER:

MEIN
LIEBLINGSSONG
IST:

DAS IST MEIN LIEBLINGSFILM:

DAS MACHE ICH AM LIEBSTEN
MIT MEINEN FREUND'INNEN:

_____

_____

 DAS IST MEIN LIEBSTER ACCOUNT AUF TIKTOK:

MEIN'E LIEBLINGS-YOUTUBER'IN IST:

DAS IST MEIN
GRÖBTER WUNSCH:

NAME:

MEINE FREUND'INNEN NENNEN MICH:

MEIN
GEBURTSTAG IST AM:

SO GROß BIN ICH:

DAS IST MEINE AUGENFARBE:

DAS SIND MEINE SOCIAL-
MEDIA-ACCOUNTS: _____ _____ _____

DAS IST MEIN
LIEBLINGSTIER:

MEIN LIEBLINGSSONG IST:

DAS IST MEIN LIEBLINGSFILM:

DAS MACHE ICH AM LIEBSTEN MIT MEINEN FREUND'INNEN:

_____

_____

 **DAS IST MEIN LIEBSTER ACCOUNT AUF TIKTOK:**

MEIN'E LIEBLINGS-YOUTUBER'IN IST:

DAS IST MEIN GRÖßTER WUNSCH:

NAME:

MEINE FREUND·INNEN NENNEN MICH:

MEIN
GEBURTSTAG IST AM:

SO GROß BIN ICH:

DAS IST MEINE AUGENFARBE:

DAS SIND MEINE SOCIAL-
MEDIA-ACCOUNTS: _____ _____ _____

DAS IST MEIN
LIEBLINGSTIER:

**MEIN
LIEBLINGSSONG
IST:**

DAS IST MEIN LIEBLINGSFILM:

**DAS MACHE ICH AM LIEBSTEN
MIT MEINEN FREUND'INNEN:**

_____

_____

DAS IST MEIN LIEBSTER ACCOUNT AUF TIKTOK:

MEIN'E LIEBLINGS-YOUTUBER'IN IST:

**DAS IST MEIN
GRÖßTER WUNSCH:**

NAME:

MEINE FREUND'INNEN NENNEN MICH:

MEIN
GEBURTSTAG IST AM:

SO GROß BIN ICH:

DAS IST MEINE AUGENFARBE:

DAS SIND MEINE SOCIAL-
MEDIA-ACCOUNTS: _____   _____   _____

DAS IST MEIN
LIEBLINGSTIER:

**MEIN
LIEBLINGSSONG
IST:**

DAS IST MEIN LIEBLINGSFILM:

**DAS MACHE ICH AM LIEBSTEN
MIT MEINEN FREUND'INNEN:**

_____

_____

 **DAS IST MEIN LIEBSTER ACCOUNT AUF TIKTOK:**

MEIN'E LIEBLINGS-YOUTUBER'IN IST:

**DAS IST MEIN
GRÖBTER WUNSCH:**

NAME:

MEINE FREUND'INNEN NENNEN MICH:

MEIN
GEBURTSTAG IST AM:

SO GROB BIN ICH:

DAS IST MEINE AUGENFARBE:

DAS SIND MEINE SOCIAL-
MEDIA-ACCOUNTS: _____ _____ _____

DAS IST MEIN
LIEBLINGSTIER:

MEIN LIEBLINGSSONG IST:

DAS IST MEIN LIEBLINGSFILM:

DAS MACHE ICH AM LIEBSTEN
MIT MEINEN FREUND'INNEN:

_____

_____

♪ DAS IST MEIN LIEBSTER ACCOUNT AUF TIKTOK:

▶ MEIN'E LIEBLINGS-YOUTUBER'IN IST:

DAS IST MEIN
GRÖßTER WUNSCH:

NAME:

MEINE FREUND'INNEN NENNEN MICH:

MEIN
GEBURTSTAG IST AM:

SO GROß BIN ICH:

DAS IST MEINE AUGENFARBE:

DAS SIND MEINE SOCIAL-
MEDIA-ACCOUNTS: _____   _____   _____

DAS IST MEIN
LIEBLINGSTIER:

MEIN LIEBLINGSSONG IST:

DAS IST MEIN LIEBLINGSFILM:

DAS MACHE ICH AM LIEBSTEN MIT MEINEN FREUND'INNEN:

_____

_____

DAS IST MEIN LIEBSTER ACCOUNT AUF TIKTOK:

MEIN'E LIEBLINGS-YOUTUBER'IN IST:

DAS IST MEIN GRÖBTER WUNSCH:

NAME:

MEINE FREUND'INNEN NENNEN MICH:

MEIN
GEBURTSTAG IST AM:

SO GROß BIN ICH:

DAS IST MEINE AUGENFARBE:

DAS SIND MEINE SOCIAL-
MEDIA-ACCOUNTS: _____ _____ _____

DAS IST MEIN
LIEBLINGSTIER:

MEIN LIEBLINGSSONG IST:

DAS IST MEIN LIEBLINGSFILM:

DAS MACHE ICH AM LIEBSTEN
MIT MEINEN FREUND'INNEN:

_____

_____

DAS IST MEIN LIEBSTER ACCOUNT AUF TIKTOK:

MEIN'E LIEBLINGS-YOUTUBER'IN IST:

DAS IST MEIN
GRÖßTER WUNSCH:

NAME:

MEINE FREUND'INNEN NENNEN MICH:

MEIN
GEBURTSTAG IST AM:

SO GROSS BIN ICH:

DAS IST MEINE AUGENFARBE:

DAS SIND MEINE SOCIAL-
MEDIA-ACCOUNTS: _____ _____ _____

DAS IST MEIN
LIEBLINGSTIER:

MEIN LIEBLINGSSONG IST:

DAS IST MEIN LIEBLINGSFILM:

DAS MACHE ICH AM LIEBSTEN MIT MEINEN FREUND'INNEN:

_____

_____

DAS IST MEIN LIEBSTER ACCOUNT AUF TIKTOK:

MEIN'E LIEBLINGS-YOUTUBER'IN IST:

DAS IST MEIN GRÖBTER WUNSCH:

NAME:

MEINE FREUND'INNEN NENNEN MICH:

MEIN
GEBURTSTAG IST AM:

SO GROSS BIN ICH:

DAS IST MEINE AUGENFARBE:

DAS SIND MEINE SOCIAL-
MEDIA-ACCOUNTS:

DAS IST MEIN
LIEBLINGSTIER:

MEIN LIEBLINGSSONG IST:

DAS IST MEIN LIEBLINGSFILM:

DAS MACHE ICH AM LIEBSTEN MIT MEINEN FREUND'INNEN:

DAS IST MEIN LIEBSTER ACCOUNT AUF TIKTOK:

MEIN'E LIEBLINGS-YOUTUBER'IN IST:

DAS IST MEIN GRÖBTER WUNSCH:

LÖSUNGEN

S. 14

S. 22/23

WAHR ODER FALSCH

- Falsch, die Haut ist unser größtes Organ.
- Falsch, der amerikanische Präsident heißt Joe Biden (Stand 2022).
- Wahr, eine Banane ist botanisch gesehen eine Beere.
- Falsch, ein erwachsener Mensch hat normalerweise 32 Zähne.
- Falsch, das Land mit der größten Fläche ist Russland.
- Falsch, ich finde H_2O – *Plötzlich Meerjungfrau* besser.
- Falsch, ich habe keinen Halbbruder.
- Falsch, ich habe kein Abitur gemacht.
- Wahr, ich war mal beim *The Voice Kids*-Casting.
- Wahr, mein allererster Crush hieß Vanessa.

S. 31

WER HAT'S GEMALT?

- 1) Elif
- 2) Elif
- 3) Emir
- 4) Emir
- 5) Elif
- 6) Nisa

KREUZ UND QUER

S. 50/51

S. 60

FRAGEN ÜBER EMIR

- Ich habe am 25.4.2002 Geburtstag.
- Meine Lieblingsfarbe ist Blau.
- Jessie und ich haben eine Meerjungfrauenflosse auf meinen Kühlschrank gemalt.
- Mein Lieblings-TikToker ist Charli D'Amelio!
- Ich mache mir Verschlussclips an die Finger.
- Ich habe Angst vor Hunden.

S. 64/65

S. 72/73

SCHÄTZ MAL!

- 58 Murmeln
- 141 Schuppen

S. 80/81

QUIZRUNDE

- 1: Sauna
- 2: Fast 4,6 Milliarden Jahre
- 3: **Mu**ndet **A**llen – **O**hne **A**usnah**M**e
- 4: Rosa
- 5: 750
- 6: Eine extra große Packung
- 7: Hamlet
- 8: Pippi Langstrumpf auf Chinesisch
- 9: Angeblich 69
- 10: Friseur

Bonus: Die tiefste Stelle des Meeres liegt im Mariannengraben.

S. 105–107

SPIEL 1

- Brasilia, Moskau, Canberra, Bukarest, London, Ottawa, Nairobi, Neu-Delhi, Mexiko-Stadt, Nur-Sultan

SPIEL 3

- 21, 96, 74, 28

SPIEL 5

- Das Saarland grenzt an Rheinland-Pfalz.
- Hessen grenzt an Nordrhein-Westfalen, Niedersachsen, Thüringen, Bayern, Baden-Württemberg und Rheinland-Pfalz.
- Schleswig-Holstein grenzt an Mecklenburg-Vorpommern, Hamburg und Niedersachsen.
- Baden-Württemberg grenzt an Bayern, Hessen und Rheinland-Pfalz.
- Sachsen grenzt an Bayern, Thüringen, Sachsen-Anhalt und Brandenburg.

IMPRESSUM

Lass mal machen. Ideen und Challenges für jede Situation
1. Auflage
© 2022 Community Editions GmbH
Weyerstraße 88–90
50676 Köln

Text: Emir Bayrak
Fotos: S. 4 und Autorensticker: © Xiyue Zhou; S. 53, 66: © Theresa Geissinger, moonvibe GmbH; alle weiteren: © Emir Bayrak
Layout, Design & Satz: Lara Nelles, schere.style.papier (München)
Coverdesign: Vanessa Weuffel
Projektleitung: Hanna Kirsch
Illustrationen und Abbildungen: Meerjungfrauen-Emir (Cover und Innenteil): © Jessie Bluegrey
Cover: stock.adobe.com: Schwanzflosse (auch Innenteil): © Pushkova art; Schuppen: © Holo Art; Mond (auch Innenteil): ©Baranovska; Hintergrund (auch Innenteil): © Aleksandra Konoplya
Innenteil: stock.adobe.com: Look Icon: © 1arts; Heart Icon: © Andy; Nailpolish Emoji, Clown Emoji: © valvectors; alle anderen Hand Emojis: © peregrinus; alle weiteren Emojis: © DigiClack; Glühbirne: © qopoo; Luftblasen: © mumindurmaz35; Problemir-Flosse: © Artlana; Personen-Flosse: © Дарья Михайлова; S. 34/35: © heavypong; S. 46: © Oleksii; S. 48: © Takoyaki Shop; S. 49, 112: © Altagracia Art; S. 53, Linien: © ville; S. 53, Briefmarke: © warmworld; S. 55: © mozart3737; S. 66 l.: © leo_d; S. 66 r.: metelsky25; S. 72, Glas: © eduardrobert, S. 72, Kugeln: © わぷか; S. 85: © Zagory; S. 86: © Asya; S. 89: © yusak_p; S. 111: © Ekaterina Glazkova, Zagory, Lida, Anastasia, psartstudio, violent_youth; S. 120, 179: © geschmacksRaum; S. 124: © ckybe; S. 126: © K Ching Ching; S. 127: © CNuisin; S. 130: © alekseymartynov; S. 132: © Good Studio; S. 136: © mast3r; S. 138: © dreamreve; S. 139: © BNP Design Studio; S. 140: © rudall30; S. 149: © alenaohneva; S. 150: © vectortwins; S. 152: © photographicss; S. 159: © Zoa-Arts; S. 160: © OrlyDesign; S. 162: © Dr. Watson; S. 166: © Kohyao; S. 167: © Svetlana; S. 172: © Comauthor; S. 173: © Larry Rains; S. 176: © wendeliu; S. 178: © sabelskaya; S. 180 u.: Litvinova Victori; S. 181: © everything bagel; S. 182, 183 o.: © Hans-Jörg Nisch; S. 183 u.: © Kirill; S. 186: © Uros Petrovic; S. 188: © Михаил Пенькевич; S. 191: © WoGi; S. 195: © endstern
Freepik: Stoppuhr: © Macrovector; Hintergründe: ©Freepik; Materialicon: © Makyzz; Sprechblasen: © tartila; Fragezeichen: © starline; Stift: © jemastock; Social-Media-Icons: © myriammira; S. 163: © rawpixel.com; S. 61, 170/171: © ibrandify;

Gesetzt aus der AmaticSC-Regular; Bourton Base © Kimmy Design; Brandon Grotesque; Collector Comic

Gesamtherstellung: Community Editions GmbH
ISBN 978-3-96096-244-1
Printed in Hungary
www.community-editions.de